Peter Heigl

30 Minuten

Faires Streiten

W0278862

Bibliografische Information der Deutschen Nationalbibliothek

Die Deutsche Nationalbibliothek verzeichnet diese Publikation in der Deutschen Nationalbibliografie; detaillierte bibliografische Daten sind im Internet über http://dnb.d-nb.de abrufbar.

Umschlaggestaltung: die imprimatur, Hainburg
Umschlagkonzept: Martin Zech Design, Bremen
Lektorat: Hille & Schäfer, Freiburg
Satz: Zerosoft, Timisoara (Rumänien)
Druck und Verarbeitung: Salzland Druck, Staßfurt

© 2003 GABAL Verlag GmbH, Offenbach
5., überarbeitete Auflage 2012

Alle Rechte vorbehalten. Nachdruck, auch auszugsweise, nur mit schriftlicher Genehmigung des Verlags.

Hinweis:
Das Buch ist sorgfältig erarbeitet worden. Dennoch erfolgen alle Angaben ohne Gewähr. Weder Autor noch Verlag können für eventuelle Nachteile oder Schäden, die aus den im Buch gemachten Hinweisen resultieren, eine Haftung übernehmen.

Printed in Germany

ISBN 978-3-86936-386-8

In 30 Minuten wissen Sie mehr!

Dieses Buch ist so konzipiert, dass Sie in kurzer Zeit prägnante und fundierte Informationen aufnehmen können. Mithilfe eines Leitsystems werden Sie durch das Buch geführt. Es erlaubt Ihnen, innerhalb Ihres persönlichen Zeitkontingents (von 10 bis 30 Minuten) das Wesentliche zu erfassen.

Kurze Lesezeit

In 30 Minuten können Sie das ganze Buch lesen. Wenn Sie weniger Zeit haben, lesen Sie gezielt nur die Stellen, die für Sie wichtige Informationen beinhalten.

- Alle wichtigen Informationen sind blau gedruckt.

- Schlüsselfragen mit Seitenverweisen zu Beginn eines jeden Kapitels erlauben eine schnelle Orientierung: Sie blättern direkt auf die Seite, die Ihre Wissenslücke schließt.

- *Zahlreiche Zusammenfassungen innerhalb der Kapitel erlauben das schnelle Querlesen.* 30

- Ein Fast Reader am Ende des Buches fasst alle wichtigen Aspekte zusammen.

- Ein Register erleichtert das Nachschlagen.

Inhalt

Vorwort **6**

1. Konflikt-Kultur – so wichtig wie die Liebe **9**
Konflikte annehmen 10
Konfliktfähigkeit und „Emotionale Intelligenz" 11

2. Konflikte analysieren **15**
Begriffsklärung 15
Arten eines Konflikts 18
Erscheinungsweisen eines Konflikts 20
Ebenen eines Konflikts 21
Bereiche eines Konflikts 24
Stufen eines Konflikts 25

3. Konflikt und Persönlichkeit **29**
Die konstruktive Haltung zum Konflikt 30
Die Fähigkeiten der „Konstruktiven" 30
Voraussetzungen für „faires Streiten" 34
Persönlichkeits-Typus und Konfliktverhalten 39
Wertvolle Gegensätze – Extreme 43
Besonders konfliktreiche Menschen 45

4. Grundlagen guter Konfliktkultur **49**
Loben können – kritisieren können 50
Feedback geben und nehmen 52
Aktives Zuhören 54

5. Bausteine fairen Streitens **59**
Das offene, faire Konfliktgespräch 60
Faires Einwandverhalten 62
Die „Ich-Botschaft“ 63
Bedürfnisse konkret formulieren 65
Konkrete Vorschläge bereithalten 65
Nachprüfbare Kriterien formulieren 66
Vereinbarte Signale 67
Pausen 68

6. Das gut geplante Konfliktgespräch **73**
Vorarbeit: Konfliktanalyse und Zielanalyse 74
Phasen des erfolgreichen Konfliktgesprächs 78
Mediation: Die Kunst der Vermittlung 80

7. Was tun bei unfairen Mitteln? **85**
Aggressionen sachlich ansprechen 86
Die BAMBUS-Technik 87
Abblocken 88
Humor 89

Fast Reader **90**

Literaturhinweise **94**

Der Autor **94**

Register **95**

Vorwort

Bei manchen Menschen wird jede Meinungsverschiedenheit zum Streitfall, jedes kleine Problem „von der Mücke zum Elefanten“. Und wieder andere haben ein „glückliches Händchen“, lösen elegant die kleinen und großen Konflikte des Lebens, finden immer wieder kreative Lösungen zum Nutzen aller Beteiligten.

Ist dies Talent? Wie musikalische oder sportliche Begabung? Die einen können es halt, die anderen nicht? Teils, teils, wie so oft. Ein Teil ist sicher Begabung. Aber das Tröstliche: Der andere Teil ist es nicht. Konfliktfähigkeit kann man lernen.

Seit Jahrzehnten befasse ich mich mit den Werkzeugen und Modellen zur Konfliktbewältigung. Ich habe gemerkt, dass sie mir sowohl im Berufs- als auch im Privatleben unentbehrlich geworden sind. Und ich habe erlebt, dass diese Werkzeuge auch anderen Menschen Nutzen bringen können.

Das vorliegende Buch ist als erste Orientierungshilfe für diejenigen gedacht, die sich über die Themen Konflikte, Konfliktmanagement, Konfliktstrategien usw. informieren möchten. Die Lernziele lauten:

- Konflikte besser verstehen und analysieren können,
- die Prinzipien einer guten Konfliktkultur kennen lernen und
- die Bausteine einer guten Konfliktkultur nutzen können.

Konfliktkultur kann man lernen. Wer konstruktiv zu streiten gelernt hat, sieht Streit als Chance. Er weiß: Jeder Konflikt bietet die Gelegenheit, das eigene Verhaltensrepertoire und das persönliche Erfahrungsspektrum zu erweitern.

Wer zu den Menschen gehört, die als „faire Streiter" und „gute Konfliktlöser" gelten, hat selbst den größten Gewinn: Es bringt Frieden und Befriedigung und ist eine Bereicherung des Lebens.

Viel Erfolg!

Dr. Peter Heigl
www. dr-heigl.de

30 MINUTEN

Was bedeutet der Begriff „Konflikt"?

Seite 9

Sind Konflikte normal oder der Ausnahmefall?

Seite 10

Was versteht man unter „Emotionaler Intelligenz"?

Seite 11

1. Konflikt-Kultur – so wichtig wie die Liebe

Streit ist der Vater aller Dinge.

Heraklit, ca. 550 – 480 v. Chr.

Der griechische Philosoph Heraklit prägte den bekannten Ausspruch: „polemos pater panton“ (= „Streit ist der Vater aller Dinge“). Er meinte mit polemos (= Kampf/Streit/Widerstreit/Krieg) nichts anderes als das Prinzip des Gegensatzes.

Alles Werden und Wachsen, alles was entsteht, ist ein Produkt gegensätzlicher Kräfte: männlich und weiblich, Tag und Nacht, Sommer und Winter, Licht und Dunkelheit, Sonne und Regen, Materie und Geist, Anziehung und Abstoßung, Liebe und Hass, Himmel und Erde etc. In der östlichen Philosophie finden wir diesen Gedanken als die sich ergänzenden Prinzipien von Yin und Yang wieder.

Aus Gegensätzlichem kann Harmonisches und Gutes entstehen. Es liegt auch an uns, diese Prinzipien zu verstehen und zur Wirkung zu bringen!

1.1 Konflikte annehmen

„Konflikt“ ist für viele ein belastetes Wort. Die meisten Menschen denken dabei an Krise, Ärger, Streit, Wortgefecht oder Krieg. Der Begriff ist häufig angstbesetzt. Aber wir wissen: Angst ist ein schlechter Ratgeber. Die meisten Menschen versuchen Konflikten aus dem Weg zu gehen, weil sie als Störung, als etwas Unangenehmes empfunden werden. Dabei sollte es ganz anders sein: Konflikte und Spannungen sind normal, sie gehören zum Leben. Es kommt lediglich darauf an, was man daraus macht.

Es gibt die Liebe, die Kraft zum Guten, das Schöne und Wertvolle auf dieser Erde, aber es gibt auch das Schreckliche, Tragische, Traurige, Böse und Schlimme. Wir tun gut daran, die gegensätzlichen Kräfte, die unser ganzes Leben durchziehen, realistisch zu sehen und mit ihnen richtig umzugehen.

Dabei ist es für unser seelisches Gleichgewicht besonders wichtig, neben all dem Negativen auch das Schöne und Gute zu sehen. Diese lebensbejahende Sichtweise stellt eine lebenslange Aufgabe dar. Wem sie gelingt, der hat die positiven Kräfte des Lebens zu seinen Verbündeten gemacht und das Leben wird es ihm lohnen. Er darf sich zu den Glücklichen zählen, den Glückseligen, wie die großen Religionen und Philosophien sagen.

Konflikte gehören zum Leben.
Unsere Aufgabe: Konflikten nicht aus dem Weg gehen, sondern sie annehmen oder lösen.

30

1.2 Konfliktfähigkeit und „Emotionale Intelligenz“

„Emotionale Intelligenz“ ist in den letzten Jahren zu einem wichtigen Schlüsselbegriff geworden. Abkürzungen: **EI** = **E**motionale **I**ntelligenz oder auch **EQ** = **E**motional **Q**uality, Qualität der Emotionalen Intelligenz. Gemeint ist die Fähigkeit, mit Menschen und Gefühlen gut umgehen zu können.

Früher hat man vor allem die sprachliche und logisch-mathematische Begabung untersucht. Man misst die Begabung und das Wissen und gibt sie mit einem Wert an: Intelligenz-Quotient (IQ). Der Mittelwert ist 100. Heute aber wissen wir: Es gibt verschiedene Arten von Intelligenz. Sie können unabhängig voneinander sein oder auch kombiniert werden. Man unterscheidet:

Sprachliche Intelligenz:
z. B. verständlich und überzeugend sprechen und erklären zu können

Logisch-mathematische Intelligenz:
abstrakte mathematische Probleme verstehen

Räumliche Intelligenz:
sich gut orientieren können
Musikalische Intelligenz:
Musik erinnern, selber Musik machen können
Körperliche und kinästhetische Intelligenz:
Tanzen, Sport, geschickter Werkzeuggebrauch
Naturalistische Intelligenz:
Pflanzen/Tiere kennen, benennen, gut damit umgehen können
Organisatorische Intelligenz:
klug und planvoll organisieren können
Stress-Meisterung:
planvoll und richtig denken und handeln können – auch unter Stress
Intrapersonelle Intelligenz:
einen guten Zugang haben zu den eigenen Gefühlen
Interpersonelle Intelligenz:
sensibel sein für Stimmungen, Motive und Emotionen anderer

Die „Emotionale Intelligenz" ist eine gelungene Kombination aus den beiden letztgenannten Intelligenzen.

Ein Mensch mit hohem EQ

- kann mit sich und anderen gut umgehen,
- kann mit seinen eigenen Gefühlen und den Gefühlen anderer gut umgehen,
- kann Gefühle ernst nehmen, ohne ihnen ausgeliefert zu sein,

- kann Gefühle steuern und zur richtigen Zeit zeigen,
- kann zu seinen Gefühlen und Bedürfnissen stehen,
- kann auf Gefühle/Bedürfnisse anderer konstruktiv eingehen,
- kann mit Konflikten konstruktiv umgehen.

Emotionale Intelligenz ist äußerst wichtig für den Lebenserfolg einer Person. Ein Mensch mit hohem EQ kann sein Wissen und seine Fähigkeiten besser entfalten als die Intelligenz-Bestie ohne EQ.

Tröstlich ist: Den konstruktiven Umgang mit Konflikten kann man lernen und einüben! Wir dürfen Konflikte nicht mehr dem Zufall und der Intuition überlassen. Wir müssen sie mit Herz und Verstand anpacken.

„Emotionale Intelligenz“ zeigt sich vor allem in der Fähigkeit, mit Konflikten und Konflikt-Situationen gut umgehen zu können.

30 MINUTEN

Welche Konfliktarten gibt es?
Seite 18

Welche Konfliktebenen sollte man erkennen können?
Seite 21

Welche Konfliktstufen unterscheidet man?
Seite 25

2. Konflikte analysieren

Wenn gemeine Leute streiten, so geht es in Fluchen, Schimpfen und Schlagen über ...

J. W. v. Goethe im Brief an J. D. Salzmann, 1773

Wie Goethes „gemeine Leute" wollen wir es nicht halten. Doch um es besser machen zu können, müssen wir eines wollen: Den Konflikt friedlich lösen.

Je besser es uns gelingt Konflikte zu analysieren, zu durchleuchten und richtig einzuordnen, desto größer wird die Chance, die richtige Strategie für eine Lösung zu finden. Außerdem gilt: Wenn man Konflikte analysieren und in Worte fassen kann, verlieren sie an Schrecken.

2.1 Begriffsklärung

Der Begriff „Konflikt" geht zurück auf das lateinische Wort „conflictum" und bedeutet „Zusammenstoß/ Zusammenprall". Gemeint ist: Verschiedene Bedürfnisse, Wünsche, Interessen, Gefühle oder Handlungsweisen prallen aufeinander bzw. rivalisieren miteinander.

Den Begriff „Konflikt" wertfrei verstehen

Der Begriff „Konflikt" sollte wertfrei verstanden werden. Man spricht ja auch von einem Konflikt, wenn man sich nicht recht entscheiden kann und die innere Not keinesfalls groß ist: „Soll ich noch etwas essen oder lieber nicht?" Bei vielen Konflikten prallen die Gegensätze jedoch hart aufeinander.

Konflikt und Problem

„Konflikt" und „Problem" werden oft synonym gebraucht. Ganz richtig ist dies nicht: „Problem" stammt aus dem Griechischen, wobei „problema" „das vor (mich) Geworfene/Gelegte" im Sinne von „die vor mir liegende Aufgabe" bedeutet.

„Problem" ist der übergeordnete Begriff. Eine Aufgabe, die ich lösen soll, aber noch nicht weiß, wie, ist ein Problem. Ein Konflikt, den ich lösen möchte, ist ebenfalls ein Problem. Aber nicht jedes Problem ist auch ein Konflikt. Von einem Konflikt sprechen wir erst dann, wenn Gegensätze miteinander im Widerstreit stehen.

Wenn ein Ingenieur eine Brücke in schwierigem Gelände bauen soll, hat er ein Problem, d. h. eine Aufgabe vor sich: Wie baue ich? Womit? Mit welchem Material? Dieses Problem wird erst dann zum Konflikt, wenn Interessengegensätze hinzukommen, wie zum Beispiel: Die Brücke darf bestimmte Kosten nicht überschreiten, sie muss bestimmte ökologische Forderungen erfüllen. Der Ingenieur erlebt nun den Konflikt zwischen dem Anspruch an optimale Funktion, finanziellen Einschränkungen, Auflagen, usw.

Streit, Streit- und Konfliktkultur

Streiten bedeutet kämpfen, sich auseinandersetzen. In der Alltagssprache versteht man darunter oft auch noch den „Schlagabtausch“.
Gute Streit- und Konfliktkultur zeichnet sich durch Gewaltverzicht aus. Gewalt kann sich in verbaler, psychischer, körperlicher und materieller Machtanwendung äußern. Es herrscht allgemeiner Konsens darüber: Gestritten werden soll durch die Kraft der Worte und Argumente, ohne Anwendung unfairer Mittel.

Streitkultur bedeutet die Fähigkeit zur Auseinandersetzung mit Worten. Es geht dabei um genügend Wissen und folgerichtige Argumentation im Austausch der Meinungen. Streitkultur zeigt sich sowohl im Meinungsstreit, beispielsweise warum ich ein bestimmtes Buch gut finde oder nicht, aber auch im harten Kampf um Interessen.

Konfliktkultur beinhaltet aber noch mehr: Manch einer kann zwar gut mit Worten streiten, nicht aber gut mit Konflikten umgehen. Eine gute Konfliktkultur bedeutet, dass man die Fähigkeit entwickelt hat, in Konfliktsituationen richtig, angemessen und konstruktiv zu agieren und zu reagieren. Das kann im guten Zuhören bestehen, im klugen gemeinsamen Besprechen des Konflikts, im engagierten Streiten für die eigene Sache, im überlegten Nachgeben, im Finden kreativer Lösungen und im weisen Schlichten.

2.2 Arten eines Konflikts

Äußere Konflikte – innere Konflikte

Man spricht von „äußeren Konflikten", wenn die Gegensätze zwischen zwei oder mehreren Personen bestehen, und von „inneren Konflikten", wenn sich die Gegensätze im Inneren einer Person abspielen.

Strukturelle Konflikte – personale Konflikte

Strukturelle Konflikte nennt man Konflikte, die v. a. durch ungünstige Bedingungen verursacht werden.

Soziale Not, schwierige Arbeits- und Wohnverhältnisse, unklare Kompetenzregelungen usw. fördern Konflikte und bringen selbst friedliche Menschen zur Weißglut. Hier muss man an der Verbesserung der Strukturen ansetzen. Der strukturelle Ansatz fragt: Was ist zu tun, damit sich die konfliktträchtigen Verhältnisse bessern?

Andererseits gilt: In ähnlichen Situationen reagieren die Menschen auf Grund individueller Einstellungen und Verhaltensweisen verschieden.

Der personale Ansatz fragt: Warum reagiert der eine so, der andere wieder ganz anders? Was ist zu tun, damit die Beteiligten eine alle zufriedenstellende Lösung finden?

Der interpersonelle Konflikt

Dies sind Konflikte zwischen verschiedenen Personen oder zwischen einer Person und einer Gruppe, die sich aus unterschiedlichen Haltungen, Bedürfnissen, Eigenschaften, Werten, Einstellungen und vielem mehr ergeben.

Der kollektive Konflikt

Damit ist der Konflikt zwischen rivalisierenden Gruppen gemeint, zum Beispiel zwischen zwei Nationen, zwei Kulturen, Mehrheiten und Minderheiten, Arbeitgebern und Arbeitnehmern usw.

Der personelle Konflikt

Mit dem personellen Konflikt ist das Problem einer Person mit ihrer Rolle gemeint: Es gibt zwei Arten von personellen Konflikten:

a. Der *Inter-Rollenkonflikt*, z. B. der Zwiespalt zwischen einer 60-Stunden-Arbeitswoche als BetriebsleiterIn einerseits, und dem Wunsch, ein guter Vater bzw. eine gute Mutter zu sein, andererseits.
b. Der *Intra-Rollenkonflikt*, z. B. das Dilemma des/der AbteilungsleiterIn zwischen dem Befehl der Firmen-

leitung, Druck zu machen, und dem Wunsch, ein/e gute/r KollegIn und Vorgesetzte/r für die Untergebenen zu sein.

2.3 Erscheinungsweisen eines Konflikts

Man unterscheidet außerdem unterschiedliche Erscheinungsweisen eines Konflikts:

Der informale Konflikt

Der Konflikt wird unkontrolliert ausgetragen. Kennzeichen: Beleidigungen, bewusst harte Konfrontation, feindselige Atmosphäre, im schlimmsten Fall bewusst eingesetzte psychische und physische Gewalt.

Der formalisierte Konflikt

Die am Konflikt beteiligten Personen bzw. Gruppen halten sich an bestimmte Spielregeln. Kennzeichen: partnerschaftliches Gespräch, Kompromissbereitschaft, Bereitschaft zum Anhören der Gegenseite usw.

Der umgeleitete Konflikt („Verschiebung")

Der Konflikt entlädt sich nicht gegen den eigentlichen Adressaten, sondern dort, wo ein geringerer Widerstand zu erwarten ist. Die Wut gegen den Chef oder ungünstige Arbeitsbedingungen entladen sich beispielsweise gegen den Abteilungsleiter, eine Situation, die zu vermehrten Betriebsunfällen, Ausfällen, zum Magengeschwür u. Ä. führt.

2.4 Ebenen eines Konflikts

Besonders wichtig ist die Unterscheidung der verschiedenen Konfliktebenen. Ein Konflikt kann auf einer Ebene liegen, aber auch auf mehreren. Von der richtigen Analyse hängen unser Verständnis für die betroffenen Konfliktparteien und die Entscheidung für unsere Konfliktstrategie ab.

Sachebene

Ein typischer Sachkonflikt ist der Konflikt über Fakten, Aufgaben oder Mittel, zum Beispiel: „Der beste Weg nach A führt über B." „Nein, der beste Weg führt über C. Er ist zwar länger, aber wesentlich schneller und daher effektiver." Oder: „Die Maschine X ist am sinnvollsten für uns und zwar aus folgenden Gründen ..."
„Ich halte die Maschine Y für zweckmäßiger und zwar, weil ..."

Beziehungsebene

Der typische Beziehungskonflikt entsteht auf Grund von Antipathie, persönlicher Ablehnung, aber auch infolge ungeklärter Beziehungen zueinander, zum Beispiel in der Frage: Wer führt, wer muss sich fügen? Wie wird geführt? Wer versteht mehr von der

Sache? „Es ist eine Frechheit, was die sich da herausnimmt!“ „Der soll nicht meinen, dass ich nach seiner Pfeife tanze!“

Viele Konflikte, die auf der Sachebene ausgefochten werden, sind in Wirklichkeit Beziehungskonflikte bzw. eine Kombination aus Sach- und Beziehungskonflikten. Manch harte Kontroverse auf der Sachebene wird gespeist durch Probleme auf der Beziehungsebene.

Wertebene

Der typische Wertkonflikt ist ein Konflikt auf Grund unterschiedlicher Werte, Lebenseinstellungen, Weltanschauungsfragen und unterschiedlichen Lebensstils:

- „Nein, ich bin nicht faul, ich bin nur nicht so blöd und arbeite mich auf für den Betrieb; mir ist mein Privatleben wichtiger!“
- „Du hast überhaupt kein Taktgefühl, so was kann man doch nicht offen sagen!“ „Natürlich kann ich das, du bist dafür nur zu spießig!“

Vor allem eher konservative und eher progressive Menschen geraten schnell in eine hitzige Debatte, zum Beispiel über Kunst, Mode, Musik, Politik, Religion, Lebensstil usw. Reife Persönlichkeiten können jedoch abstrahieren, in dem Sinne: „Ich mag dich, aber ich teile deine Meinung nicht!“ „Ich mag ihn nicht, aber inhaltlich hat er in einigen Punkten Recht.“

Im Rahmen der Konfliktanalyse werden außerdem folgende Fachbegriffe verwendet:

Situative Bedürfnisse

Situationsbedingte Bedürfnisse passen nicht zusammen: A ist müde und will eine Pause machen, B ist fit und möchte weiter arbeiten. C will jetzt das neue Projekt besprechen, D möchte in Ruhe an einer anderen Aufgabe arbeiten.

Habituelle Bedürfnisse

Überdauernde Bedürfnisse stimmen nicht überein: A ist Frühaufsteher, B ist vor 10.00 Uhr morgens ungenießbar. C ist ein Abendmensch, D will ab 21.00 Uhr nur noch ins Bett. Er will im Urlaub am liebsten in die Berge, sie zu Hause lesen. Sie legt größten Wert auf Sauberkeit und Ordnung, er dagegen braucht das „kreative Chaos" ...

Bedürfnisse verschiedener Lebensart

Temperament und Lebensart der Konfliktparteien unterscheiden sich voneinander: Sie fühlen, denken und handeln verschieden, besitzen unterschiedliche Wertvorstellungen, setzen andere Prioritäten.

Die Kenntnis von den unterschiedlichen Temperamenten und der richtige Umgang mit den verschiedenen Persönlichkeitstypen sind zentrales Merkmal guter Konfliktlöser. Wir widmen ihnen daher ein eigenes Kapitel (siehe S. 24 f).

2.5 Bereiche eines Konflikts

Mikrokonflikt, Mesokonflikt, Makrokonflikt

Fachleute sprechen ferner von Konflikten im Mikro-, Meso- und Makrobereich. Was ist damit gemeint?

Bei einem Konflikt im Mikrobereich sind die Konfliktparteien miteinander bekannt, beispielsweise in einer Familie oder einer kleinen Institution. An der Konfliktbearbeitung nehmen alle Beteiligten teil.

Beim Mesokonflikt (von meso, griech. = mittig) stehen sich zum Beispiel Kleingruppen in einer Firma oder Institution gegenüber. Untereinander haben die Gruppenmitglieder engen Kontakt, weniger jedoch mit Personen anderer Gruppen. Der Austausch wird von Abgeordneten der einzelnen Kleingruppen gut oder weniger gut erledigt. Dabei fließen neben den Gruppeninteressen auch persönliche Interessen und Verhaltensweisen der Abgeordneten ein, was den Konflikt oft verkompliziert.

Noch vielschichtiger wird es im Makrobereich, d. h. bei politischen Parteien, den Medien und Interessenvertretungen aller Art. Die Verhandlungspartner mögen noch so viel Verhandlungsgeschick haben: Politisches Kalkül, nationale und internationale Interessen, die momentane Lage u.v.m. haben einen weitaus stärkeren Einfluss auf den Konfliktverlauf als die Verhandlungsführer selbst. Das macht Konfliktverhandlungen im Makrobereich besonders schwierig und kompliziert.

2.6 Stufen eines Konflikts

Stufen des Konflikts

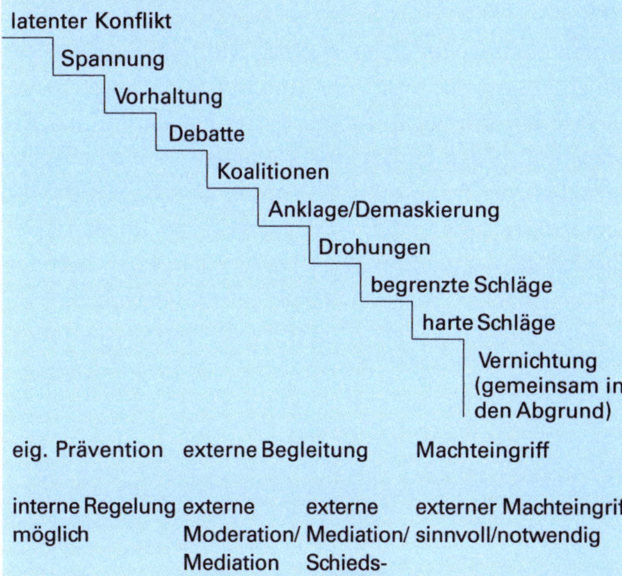

eig. Prävention	externe Begleitung		Machteingriff
interne Regelung möglich	externe Moderation/ Mediation sinnvoll	externe Mediation/ Schieds-verfahren notwendig	externer Machteingriff sinnvoll/notwendig

Das Phasen- oder Stufenmodell des Konflikts (nach F. Glasl)

Das Phasen- oder Stufenmodell

nach F. Glasl (2002) zeigt, wie ein Konflikt eskalieren kann. Der Begriff „Eskalation" stammt aus dem Lateinischen („scala" = Stufe) und beschreibt die stufenweise Steigerung eines Konflikts. Das obige Schema zeigt die Eskalation in Abwärtsrichtung und symbolisiert so den moralischen Abbau durch den steigenden Gewaltpegel.

In den ersten vier Phasen eines Konflikts werden die Weichen gestellt: Wird der Konflikt konstruktiv angepackt oder führt er in Richtung von Eskalation und Gewalt? Auf diesen ersten vier Stufen ist es noch möglich darauf einzuwirken, dass die Konfliktenergie positiv und konstruktiv verwendet wird. In späteren Phasen kann man häufig – ggf. unter Mitwirkung einer vermittelnden dritten Instanz – den Schaden nur noch begrenzen.

30

Bei der Analyse eines Konflikts sollten wir idealerweise zuerst bedenken und klären:

- ***Welche Arten von Konflikten gibt es? Welcher Art ist der vorliegende Konflikt?***
- ***Welche Ebenen von Konflikten gibt es? Auf welcher Ebene bzw. auf welchen Ebenen befindet sich der aktuelle Konflikt?***
- ***Welche Stufen eines Konflikts gibt es? Auf welcher Stufe befindet sich der Konflikt?***

30 MINUTEN

Was sind die typischen Fähigkeiten der „Konstruktiven“ im Konfliktfall?

Seite 30

Wo liegen die Stärken und Schwächen eines bestimmten Persönlichkeits-Typus?

Seite 39

Wie reagieren die verschiedenen Persönlichkeits-Typen im Konflikt?

Seite 45

3. Konflikt und Persönlichkeit

Gott gebe mir die Kraft, um das zu ändern, was ich ändern kann, die Gelassenheit, um das zu tragen, was ich nicht ändern kann, und die Weisheit, das eine vom anderen zu unterscheiden.

Friedrich Christoph Oetinger (1702 – 1782)

Es ist ein Zeichen von Intelligenz und Klugheit, wenn ich weiß, was ich in meinem Leben ändern will und wie ich dies am besten tue. Und es ist ein Zeichen von Weisheit, wenn ich erkenne, wo ich an meine Grenzen stoße.

Viele Konfliktlösungstechniken kann man erlernen und praktisch umsetzen. Einstellungen dagegen kann man nicht von einem Tag auf den anderen per Knopfdruck ändern. Aber man kann sie durch Wissen, Einsicht und persönliche Erfahrungen entwickeln. Ideal ist es, wenn die Fähigkeit zum konstruktiven Umgang mit Konflikten aus einer inneren Haltung kommt. Sich die richtigen Verhaltensweisen bewusst zu machen, ist bereits der erste Schritt in die richtige Richtung.

3.1 Die konstruktive Haltung zum Konflikt

Die Haltung der „Winner“ lässt sich wie folgt charakterisieren: Die Welt ist nicht ideal. Damit muss man leben lernen. Andere sind auch nicht dazu da, um so zu sein, wie ich sie haben will. Konflikte sind normal, sie gehören zum Leben. Konflikte fordern den menschlichen Geist immer wieder heraus, nach guten/besseren Lösungen zu suchen. Für viele Probleme dieser Welt gibt es gar keine Lösungen, für viele keine idealen Lösungen.

Daher gilt einerseits: Was man nicht ändern kann, muss man aushalten lernen. Aber andererseits gilt auch: Vieles lässt sich regeln, was zunächst hoffnungslos festgefahren schien. Für viele Konflikte und Probleme gibt es konsensfähige Lösungen.

3.2 Die Fähigkeiten der „Konstruktiven“

Untersuchungen haben gezeigt, dass erfolgreiche Konfliktlöser, die „Konstruktiven“, gemeinsame Merkmale aufweisen, die sie von weniger erfolgreichen Konfliktlösern unterscheiden:

Sie suchen nach Lösungen, nicht nach Schuldigen

Es ist menschlich, nach Schuldigen zu suchen. Es tut gut und erleichtert, wenn man seinen Zorn an jemandem, den man für schuldig hält, auslassen kann. Konstruktive besitzen jedoch die Fähigkeit, diese Stufe rasch abzuhaken und weiterzudenken: Was gilt es jetzt zu tun? Wie kann man den Schaden gering halten? Wo liegen mögliche Lösungen?

Sie verfolgen die „Win-win-Strategie"

Die Konstruktiven handeln nicht nach dem Prinzip „Sieger – Verlierer", sondern danach, dass beide Parteien als Gewinner aus dem Konflikt hervorgehen können. Diese Position ist ihnen in Fleisch und Blut übergegangen. Während andere sich zerfleischen oder nach Schuldigen suchen, suchen sie nach Lösungen und finden oft überraschende Möglichkeiten. Sie sind offen für kreative Lösungen und Kompromisse, die den Bedürfnissen aller Konfliktparteien entgegenkommen und die rivalisierenden Parteien ihr Gesicht wahren lassen.

Sie berücksichtigen die möglichen Ursachen für die unterschiedliche Wahrnehmung

Konstruktive berücksichtigen bewusst oder unbewusst bei den Konfliktparteien mehrere Faktoren:

- Interessen, Ziele, Motive, Vorerfahrungen (mit der Konfliktpartei oder „ähnlichen Leuten")

- Erziehung und Prägungen
- Selbstbewusstsein (stark, schwach)
- Einstellungen zu anderen Menschen (hin zu oder weg von anderen, gegen andere)
- Wertvorstellungen (politisch, sozial)
- Religiöse Einstellungen bzw. ihre Ablehnung

Sie sehen den Konflikt aus verschiedener Sicht

Konstruktive können sich in andere hineinversetzen: Sie sehen den Konflikt erstens aus Sicht des „Ichs", zweitens aus Sicht der anderen Konfliktpartei und drittens aus Sicht eines neutralen Beobachters:

Aus der Sicht des „Ichs"

- Geht es mir um Sieg und Niederlage, um einen Kompromiss oder um eine Konsensfindung?
- Habe ich mich unter Kontrolle oder lasse ich mich provozieren?
- Welche Argumente habe ich?
- Welche Gefühle habe ich? (Ärger, Zorn, Wut, Angst, Besorgnis ...)
- Welche Gegenargumente erwarte ich?
- Welche Parteinahme Dritter ist zu erwarten?
- Welche Risiken sind für mich absehbar?
- Wie lauten meine Maximal-/Minimalziele?
- Zu welchen Zugeständnissen wäre ich bereit?

Aus der Sicht des Konfliktpartners

- Geht es ihm/ihr um Sieg und Niederlage, um einen Kompromiss oder eine Konsensfindung?
- Hat er/sie noch „offene Rechnungen“ mit mir?
- Was hält er/sie für richtig?
- Was will er/sie erreichen?
- Welche emotionalen Argumente hat er/sie?
- Welche Faktoren beeinflussen seine/ihre Argumentation?
- Welche Gefühle hat er/sie?
- Welche Risiken könnte er/sie sehen?
- Welche sachlichen Argumente hat er/sie?
- Welchen Standpunkt vertritt er/sie?
- Wer dürfte ihn/sie unterstützen bzw. welche Parteinahme Dritter ist zu erwarten?
- Wie lauten seine/ihre Maximal-/Minimalziele?
- Womit könnte er/sie Druck ausüben?

Aus der Sicht eines neutralen Beobachters

- Hat er/sie den Eindruck, dass wir die Situation ernsthaft klären wollen?
- Verschwenden wir unsere Zeit oder verfolgen wir unsere Ziele?
- Wie würde ein heimlicher Beobachter die Situation und unser Verhalten interpretieren?
- Zeigen wir uns als reife Konfliktpartner oder handeln wir eher wie zankende Kinder, wütende Kampfhähne, beleidigte Divas, gekränkte Herrscher, rächende Enterbte?

Sie gehen nach einem Plan vor

Konstruktive überlassen die Konfliktlösung nicht dem Zufall, sondern gehen nach einem Plan vor:

1. Analyse des Konflikts,
2. strategische Planung des Konfliktgesprächs,
3. systematische Ausführung.

30 *Gute Konfliktlöser suchen nach Lösungen, nicht nach Schuldigen.*
Sie verfolgen die „Win-win-Strategie".
Sie sehen den Konflikt aus drei Perspektiven: Ich, Konfliktpartner, neutraler Beobachter.
Sie gehen nach einem Plan vor.
Sie fragen nicht: Wer hat Schuld? Wer Recht?
Sie sie fragen:

- *Wo liegt ggf. ein Missverständnis vor?*
- *Was brauche ich?*
- *Was brauchst du?*
- *Was bringt uns weiter?*
- *Was wäre eine mögliche Lösung?*

3.3 Voraussetzungen für „faires Streiten"

Die richtige Streittechnik allein steht auf wackeligen Beinen. Sie muss auf einem soliden Fundament fußen.

Und dieses liegt in der reifen Persönlichkeit eines Menschen. Wir müssen uns also Gedanken darüber machen, wie es bei uns – und unseren Konfliktpartnern – um folgende wichtige Aspekte bestellt ist:

Gleichwertigkeit

In jeder Lebensbeziehung bilden sich Machtverhältnisse, bildet sich eine Rangordnung aus. Ein reifer Konfliktlöser verschließt vor dieser Tatsache nicht die Augen. Er sieht aber auch, dass trotz bestehender Machtverhältnisse im Idealfall folgende wichtigen Einsichten und Fähigkeiten vorhanden sind:

„Wir unterscheiden uns zwar in punkto Fähigkeiten, Begabungen usw., dies erweist sich aber als sinnvolle Ergänzung und Bereicherung unserer Beziehung bzw. Arbeitsteilung. Ich anerkenne die Verschiedenheit und schätze sie. Mal sehe ich, dass du mehr von einer Sache verstehst als ich, ein anderes Mal sehe ich mich im Vorteil und wieder in einer anderen Situation rivalisieren wir beide darum, wer die besseren Argumente hat. Doch prinzipiell spüren wir: Unsere Beziehung beruht auf einem gewissen Gleichgewicht unserer Möglichkeiten als Partner bzw. Konfliktpartner.“

Wichtig ist der Aspekt der inneren Gleichwertigkeit. Die äußere Gleichwertigkeit ist ja meist nicht gegeben. Normalerweise sitzt zum Beispiel der Arbeitgeber am längeren Hebel als der Arbeitnehmer, der das Geld verdienende Partner fühlt sich häufig mächtiger als sein Partner, der den Haushalt führt und die Kinder erzieht usw.

Innere Gleichwertigkeit bedeutet, dass beide Konfliktparteien ein gesundes Selbstwertgefühl und das Gefühl der Ebenbürtigkeit besitzen. Unabhängig von der intellektuellen und kommunikativen Ebenbürtigkeit, von Einfluss und Macht heißt das, dass man den anderen respektiert, achtet und wertschätzt. Symbol für diese Einstellung sind ethische und weltanschauliche Formulierungen wie: *Die Würde des Menschen ist unantastbar.* Oder: *Vor Gott sind alle gleich.*

Eigenständigkeit

Ein eigenständiger Konfliktpartner ist sich seines Wertes bewusst. Er fühlt sich gut, in Ordnung und in sich selbst ruhend. Er bezieht seine Eigenständigkeit aus der Fähigkeit, Leistungen zu erbringen und/oder im Kontakt mit anderen zu erleben, dass er geschätzt und geliebt wird. Aber auch aus der Fähigkeit, mit sich selbst allein sein und seine Interessen und Positionen reflektieren zu können.

Wer eine gesunde Eigenständigkeit entwickelt hat, muss sich nicht mehr ständig selbst beweisen, was er ist, kann oder leistet. Solche Menschen haben es nicht nötig, ständig ihre Macht oder Überlegenheit zu demonstrieren, und sie sind von der Anerkennung durch andere unabhängig. Eigenständige Persönlichkeiten scheuen sich nicht vor Konflikten. Sie benutzen sie nicht, um Macht auszuüben oder um sich selbst zu schmeicheln. Sie scheuen sich auch nicht aus Angst oder Unsicherheit vor Konflikten. Sie haben einfach eine gesunde Freude an guten Lösungen. Das macht sie frei für „faires Streiten" und offen für den Dialog.

Kommunikationsfähigkeit

Streiten ist Kommunikation im Konfliktfall. Wie sollen wir einen Weg bei Sturm und Nebel finden, wenn wir uns schon bei klarem Wetter verlaufen? Deshalb beherrschen wir besser bereits im konfliktfreien Raum die Grundregeln offener und eindeutiger Kommunikation.

Fritz Fischaleck

„Faires Streiten" üben wir möglichst schon in unserem Alltag und nicht erst im Konfliktfall. Es ist gut und sinnvoll, wenn wir uns bei Zeiten daran gewöhnen, auch unsere Gefühle, Sorgen, Freuden, Wünsche, Nöte, Unruhe und Enttäuschungen auszudrücken. Nicht, dass uns immer und jederzeit das Herz auf der Zunge liegen müsste. Die Situation muss passen und natürlich unser Gegenüber. Aber während wir häufig wortgewandt über Daten, Fakten und Zahlen informieren können, liegt unsere Fähigkeit, über Gefühle zu sprechen, oft brach – bei Männern stärker noch als bei Frauen. Die Fähigkeit dazu wächst in uns heran, wenn wir uns daran gewöhnen, unsere Gefühle wahrzunehmen und sie in Worte zu fassen.

Dieser offene Gesprächsstil ist Segen und Bereicherung in guten Zeiten, wenn wir uns gut verstehen, und er ist erst recht von Nutzen im Konfliktfall, bei kaltem Wind und rauer See. Denn dann haben wir bereits gelernt, nicht nur auf der Sachebene über Fakten zu reden, sondern auch auf der Beziehungs- und Wertebene über die eigenen Gefühle und die unseres Konfliktpartners.

Analysefähigkeit

Verstand ist gefragt, wenn man kompetent über Konflikte und die damit verbundenen Gefühle reden möchte. Über Gefühle reden zu können bedeutet nicht, Gefühle breitzuwalzen und breitzutreten. Wir wissen zwar: Es gibt wesentliche Dinge, die sich besser nonverbal mitteilen lassen, und es gibt Dinge, über die man besser schweigt. Worüber man nicht reden kann, darüber muss man schweigen (L. Wittgenstein).

Andererseits gibt es auch Menschen, die in epischer Breite ihre Gefühle beschreiben können, aber nicht die geistigen Fähigkeiten besitzen, ihre Situation zu analysieren. Sie kennen nur ihre subjektive Sicht, können aber weder die eigenen noch fremde Gefühle aus objektiver Warte betrachten. Hier fehlt etwas Wesentliches: Verstand und Geisteskraft, um die Situation aus einer gewissen Distanz zu betrachten. Guter Wille und ein liebendes Herz allein sind zu wenig. Wir brauchen als gute Konfliktlöser beides: Gefühl und Verstand!

Gute Konfliktlöser scheuen nicht den Konflikt, aber sie haben Freude an fairen Lösungen. Sie wertschätzen die Vielfalt menschlichen Verhaltens und benutzen Gefühl und Verstand.

30

3.4 Persönlichkeits-Typus und Konfliktverhalten

Menschen sind verschieden. Und sie müssen verschieden behandelt werden. So schreibt Stefan Zweig in der Schachnovelle. Gleichheit aller Menschen – das betrifft unsere Würde als Mensch. Doch wir würden dem Individuum nicht gerecht, wenn wir jeden Menschen gleich behandelten. Mit einem sensiblen Menschen werde ich anders streiten als mit einem hartgesottenen Zeitgenossen. Es ist ein Zeichen von emotionaler Intelligenz, wenn ich mich auf mein Gegenüber einstelle. Viele Konflikte resultieren ja aus den verschiedenen Sichtweisen des jeweiligen Persönlichkeitstypus.

Die klassischen vier Temperamente

Choleriker

Ausdauernd, energisch, führungsstark, mürrisch, mutig, streitsüchtig, willensstark, zornig. Im Konfliktfall leicht reizbar, rechthaberisch, überreagierend, nachtragend.

Melancholiker

Ängstlich, ehrlich, einfühlsam, leicht enttäuscht, gewissenhaft, hilfsbereit, nachdenklich, selbstlos, zuverlässig, treu, rücksichtsvoll, eher pessimistisch, verschlossen, misstrauisch, labil. Melancholiker sind Konfliktvermeider, die häufiger mit Depressionen oder Resignation reagieren.

Sanguiniker

Aufgeschlossen, einfallsreich, fröhlich, gesellig, gut gelaunt, lebhaft, lustig, natürlich, nicht kleinlich, oberflächlich, optimistisch, stolz, unbedacht, unüberlegt. Bei Konflikten oft hitzköpfig, schnell beleidigt, aber nicht nachtragend.

Phlegmatiker

Antriebsarm, ausgeglichen, bedächtig, bequem, gemütlich, gute Nerven, langsam, pflichtscheu, praktisch, ruhig, sachlich, selbstsicher, verantwortungsscheu, verträglich. Konfliktvermeider, notfalls eher aggressiv reagierend.

Typologie nach C. G. Jung

Extravertierter Typus

Nach außen gerichtete Persönlichkeit; ist gerne in Gesellschaft und genießt es. Schnelle Arbeitsweise, aber oft ungenau. Flexibel, anpassungsfähig, aber Neigung zu Allüren, Launen und Sprunghaftigkeit. Auf ästhetischem und politischem Gebiet experimentierfreudig, aufnahmebereit für Neues. Hervorragend bei Arbeiten, die Flexibilität und ein Eingehen auf neue Situationen verlangen. Im Konfliktfall eher laut, selbstbewusst, aggressiv und extrapunitiv („Die anderen bzw. die Umstände sind schuld").

Introvertierter Typus

Nach innen gekehrte Persönlichkeit; hält sich in Gesellschaft lieber im Hintergrund. Ausdauernde, genaue, aber oft langsame Arbeitsweise. Festhalten an Grundsätzen. Hohe Ansprüche an sich selbst, oft verbunden mit Zweifeln an der eigenen Leistung. Auf ästhetischem Gebiet eher ruhig und konservativ. Hervorragend geeignet für exakte und tüftelige Arbeit. Im Konfliktfall eher still, resignativ, selbstgrüblerisch und intrapunitiv („Ich bin schuld").

Typologie nach dem DISG-Modell von W. M. Marston

Dominant (D)

Aufgabenorientiertes und extravertiertes Verhalten; Drang, die Kontrolle zu übernehmen und Ergebnisse zu erzielen. D sucht Herausforderungen und will siegen. Großes Selbstvertrauen, mutig, ergebnisorientiert, bestimmend, durchsetzungsfähig, direkt, offen.

Initiativ (I)

Extravertiertes und menschenorientiertes Verhalten; Drang andere zu motivieren, sich auszudrücken und gehört zu werden. I will andere überzeugen und beeinflussen. Beziehungsorientiert, beeinflussend, begeisternd, emotional, gesprächig, optimistisch, spontan.

Stetig (S)

Menschenorientiertes und introvertiertes Verhalten; Drang nach Stabilität und Harmonie. S will andere unterstützen und für geordnete Beziehungen sorgen. Treu, loyal, teamfähig, unterstützend, bescheiden, bewahrend, geduldig, pragmatisch, zuverlässig.

Gewissenhaft (G)

Introvertiertes und aufgabenorientiertes Verhalten; Drang, das Richtige „richtig" zu tun. G will Ärger vermeiden und achtet auf Präzision und Genauigkeit. Hohe

Maßstäbe, detailorientiert, selbstdiszipliniert, vorsichtig, analytisch, logisch, genau, reserviert.

Ein ideales Team besteht aus D-, I-, S- und G-Typen, die sich ergänzen und „zusammenraufen".

Gute Konfliktlöser kennen und berücksichtigen die verschiedenen Persönlichkeits-Typen und ihre Verhaltensweisen im Konflikt. 30

3.5 Wertvolle Gegensätze – Extreme

Jede Tugend, jede positive Eigenschaft kann in ein Extrem abgleiten und Konflikte verursachen:

Extrem	Wertvolle Gegensätze		Extrem
depressiv	ernst	fröhlich	überdreht
feige	vorsichtig	mutig	verwegen
geizig	sparsam	freigebig	verschwenderisch
misstrauisch	vorsichtig	vertrauensvoll	leichtgläubig
passiv	ruhig	lebhaft	hektisch
pedantisch	ordentlich	großzügig	schlampig
schüchtern	ruhig	temperamentvoll	aufdringlich
stur	beständig	flexibel	sprunghaft
unbewegt	gelassen	sensibel	leicht erregbar
unverschämt	graderaus	diplomatisch	„Wendehals"

Im Konfliktfall besteht oft die Gefahr, die störende Eigenschaft des Konfliktpartners im Extrem zu positionieren: Der Kontaktfreudige wird als aufdringlich, der Sparsame als Geizhals hingestellt. Wir reagieren bei Konflikten häufig besonders scharf auf Eigenschaften unserer Konfliktpartner, die wir selbst nicht haben oder nicht ausleben. Der kluge (Selbst)Beobachter fragt sich also immer auch: Warum stört mich dies oder jenes so intensiv an meinem Konfliktpartner? Ist unbewusst oder unterschwellig etwa Neid, Rivalität oder Eifersucht im Spiel?

Das Denken nach dem Prinzip „wertvolle Gegensätze, problematische Extreme“ hilft uns auch, im Verhalten unseres Konfliktpartners das Positive zu sehen. Dadurch wird es leichter, Brücken zu bauen und die möglichen Vorzüge wertschätzend zu benennen anstatt abzuwerten. Nicht: „Sie sind ein Chaot! Wie soll ich hier meine Sachen finden!?“ Sondern: „Ich habe folgendes Problem: Ich schätze einerseits Ihre kreative Art. Das bringt Leben ins Büro. Ich will auch gewiss nicht kleinlich sein. Aber ich muss sagen: Mich stört die Unordnung. Ich finde die Sachen nicht mehr. Wir müssen hier eine Lösung finden.“

3.6 Besonders konfliktreiche Menschen

Manche Menschen sind extrem konfliktscheu: Sie gehen jedem Konflikt aus dem Weg und machen sie oft größer! Sie müssen lernen, sich an Konflikte heranzutrauen.

Es gibt Menschen, die großen Spaß an Konflikten haben und Konflikte als Sport, Herausforderung, Wettkampf oder Schachspiel ansehen: Ich will zeigen, dass ich klüger argumentieren kann, besser informiert bin, die ehrenwerteren Maßstäbe anlege usw. Wer Spaß an Konflikten hat, muss lernen, dass es nicht immer und überall sinnvoll ist, seinen „Sport" auszuüben.

Für manche ist jeder Konflikt ein Symbol für die Überzeugung: „Das ganze Leben ist ein einziger Kampf. Entweder ich muss weichen oder der andere." Solche Menschen sind immer misstrauisch, sehen überall Gefahren lauern, hören aus jedem Wort einen Angriff heraus. Es wird immer schwer sein, mit solchen Menschen Konfliktgespräche in einer Atmosphäre des Vertrauens zu führen.

Rechthaber, Besserwisser, Intriganten, Querulanten brauchen den Konflikt

Besonders problematisch sind Menschen, die den Konflikt brauchen. Er dient ihnen als Ersatzbefriedigung und wird zur Sucht. „Konfliktsucht" entwickelt sich häufig dann, wenn wichtige seelische Bedürfnisse nach

Anerkennung, Wertschätzung und Liebe nicht befriedigt wurden, zum Beispiel in der Kindheit.

Rechthaberei, Besserwisserei, Intrigantentum und Querulantentum können krankhafte Ausmaße annehmen. Solche Menschen sind oft sehr schwierig. Hier gilt: Gegebenenfalls mutig die Dinge beim Namen nennen. Betrachten Sie es nicht als Ihren Fehler, wenn mit diesen Menschen immer wieder neue Konflikte entstehen und das Problem nicht zu beheben ist; es liegt allein an der Persönlichkeit des Konfliktpartners.

Der rechthaberische Mensch mag es nicht, wenn man an seinen Gedanken und Handlungen zweifelt. Er setzt alles daran, dass seine Gedanken und sein Handeln richtig und gerechtfertigt erscheinen. Er duldet keine Zweifel an sich und Selbstzweifel kennt er nicht.

Der besserwisserische Mensch will immer das letzte Wort behalten. Alle anderen sind dumm, unerfahren, jedenfalls belehrungsbedürftig. Auch wenn jemand noch so etwas Kluges sagt: Er weiß es besser, muss korrigieren, richtig stellen, zumindest ergänzen.

Der Intrigant hat größtes Vergnügen daran, Ränke zu schmieden und Verwicklungen zu stiften. Das Wort kommt aus dem Lateinischen von intrigare = sich einmischen, verwirren, Ränke schmieden. Wenn Menschen aufeinander böse werden, ist ihm höllisch wohl.

Er lässt sich daher immer wieder etwas Neues einfallen, um Unfrieden zu stiften.

Der Querulant ist ständig am Nörgeln. Er beschwert sich immer und überall. Ihm ist nur wohl, wenn er etwas auszusetzen hat. Das Wort kommt ebenfalls aus dem Lateinischen von querulans = klagend, sich beschwerend. Der Querulant findet überall ein Haar in der Suppe. Notfalls wirft er es selbst hinein.

Der Umgang mit Rechthabern, Besserwissern, Intriganten und Querulanten ist immer schwierig. Konflikte sind unausweichlich. Wie gesagt: Das Problem offen beim Namen nennen. Und die Dinge nicht persönlich nehmen!

Vor einem Konfliktgespräch überlege ich:

- ***Versuche ich, eine objektive Messlatte anzulegen?*** 30
- ***Welcher Menschentypus bin ich selbst?***
  Welcher Menschentypus ist mein Konfliktpartner?
  Hat der Konflikt mit mir/uns als Typus zu tun?
- ***Welche Stärken und Schwächen habe ich?***
  Welche Stärken und Schwächen hat mein Konfliktpartner?
- ***Wo auf der Werteskala ordne ich mich ein?***
  Wo ordne ich meinen Konfliktpartner ein?
- ***Könnte das, was mich stört, möglicherweise auch positiv gesehen werden?***
- ***Besonders schwierig im Umgang: Rechthaber, Besserwisser, Intriganten und Querulanten.***

30 MINUTEN

Was ist die beste „Vorsorge“ für eine gute Streit- und Konfliktkultur?

Seite 50

Was bedeutet die Formel IDQ = 2:1?

Seite 50

Wie lauten die wesentlichen Elemente eines guten Feedback-Gesprächs?

Seite 52

4. Grundlagen guter Konfliktkultur

Ein Mensch weiß aus Erfahrung: Lob
darf kurz und bündig sein, ja grob.
Für Tadel – selbst von milder Sorte –
braucht's lange, klug gewählte Worte.

Eugen Roth

Vorsorgen ist besser als heilen. Das wissen wir alle aus der Medizin. Dasselbe gilt aber auch für das Arbeitsklima: Wenn wir verantwortlich oder mitverantwortlich für das Klima und den Erfolg einer Arbeitsgruppe sind, müssen wir für eine wachsame, reife „Konfliktkultur" etwas tun.

Sorgen Sie für ein Arbeitsklima, in dem man offen und angstfrei berufliche Probleme, fachliche Kritik und – in angemessenem Maße – auch private Probleme ansprechen kann. Das ist die beste Vorsorge einer Konflikteskalation.

4.1 Loben können – kritisieren können

Untersuchungen in Betrieben und Organisationen verschiedenster Größe haben gezeigt: Eine gute Arbeitsatmosphäre herrscht da, wo viel gelobt und Wertschätzung gezeigt, aber auch deutlich gemacht wird, was getan werden muss. In insgesamt guter Atmosphäre kann man auch Befehle, Kontrolle, Zurechtweisung, Kritik etc. verkraften.

Der ideale IDQ liegt bei 2:1

Das ideale Arbeitsklima ergibt sich bei einem „Integrations-Dominanz-Quotienten" (IDQ) von etwa 2:1. Was ist damit gemeint?

Integrationsverhalten meint: loben, danken, Wertschätzung zeigen, Signale der Anerkennung geben etc. Dominanzverhalten bedeutet: befehlen, kontrollieren, kritisieren, zurechtweisen, klar sagen, was zu tun ist usw. Der IDQ sollte also etwa 2:1 betragen.

Viele meinen, ein gutes Betriebsklima stelle sich wie von selbst ein, wenn möglichst viel gelobt und anerkannt wird; das strenge Regime von früher müsse überwunden werden. So einfach ist das aber leider nicht. Um als Führungsperson langfristig für ein gutes Betriebsklima zu sorgen, muss man beides können: Loben und klare Anweisungen geben; Worte der Anerkennung aussprechen ebenso wie Zurechtweisung oder Kritik üben.

Die Kunst besteht darin, das richtige Maß zu finden. Das richtige Maß ist hier nicht „der goldene Mittelweg". Richtwert für ein langfristig gutes Betriebsklima ist ungefähr doppelt so viel wertschätzendes wie dominantes Verhalten!

Wer dazu neigt, vor allem zu befehlen und zu kritisieren, muss sich unbedingt angewöhnen, auch Worte des Lobes und der Wertschätzung über die Lippen zu bringen. Wer es dagegen kaum fertig bringt, auch einmal klar und deutlich zu sagen, was getan und wie es getan werden muss, notfalls auch einmal Missstände zu rügen, muss es lernen!

Bei dem Verhältnis des Integrations-Dominanz-Quotienten von 2:1 geht es natürlich nicht um eine tägliche, buchhalterische Strichliste. Ein Betriebs- oder Familienausflug sieht selbstverständlich ganz anders aus als der Tag, an dem ein Donnerwetter fällig ist! Es geht hierbei vielmehr um eine Gesamtbilanz des Alltags.

Gute Konfliktlöser achten in ihrem Alltag auf den idealen IDQ = 2:1. Wertschätzendes Verhalten zeigen sie häutiger als kritisierendes Verhalten. 30

4.2 Feedback geben und nehmen

Üben Sie die Kunst guter Feedbackgespräche

Feedback heißt Rückmeldung. Der Begriff stammt aus der Sprache der Kybernetik und bezeichnet die Reaktion eines Systems, zum Beispiel einer Maschine, auf ein Signal. In der Sprache der Kommunikationswissenschaften bedeutet „Feedback" die Rückmeldung an eine andere Person auf die Frage: „Was kommt bei mir wie an?"

Ein Feedbackgespräch ist kein Konfliktgespräch; das Feedback kann ja sowohl positiv als auch negativ sein. Wenn ich meinem Gegenüber zum Beispiel sage, was mir an seiner Art zu sprechen, seinem Kommunikations- oder Führungsstil auffällt, muss ich damit keinen Konflikt haben. Aber immer sollte das Feedback wohlüberlegt sein: Wie sage ich das Positive, ohne aufdringlich oder übertrieben zu wirken; wie drücke ich taktvoll aus, was ich persönlich als problematisch empfinde ...?

Feedbackgespräche sind eine hervorragende und nützliche Übung für die sehr viel schwereren Konfliktgespräche. Aber sie haben ihren Wert auch in sich selbst: Das richtige Feedback zu geben und zu nehmen gehört zum Handwerkszeug guter Kommunikation. Gute Feedbackgeber achten auf folgende Punkte:

- Sie überlegen im Vorfeld, was sie ansprechen und in welcher Reihenfolge sie es sagen wollen. Es ist meist angenehmer für beide Seiten, wenn man zuerst die positiven Aspekte und dann die eher schwierigeren Punkte bespricht.
- Sie sagen deutlich, dass sie Feedback zu geben bereit sind, und sie achten darauf, dass es nicht aufgezwungen wirkt („Ich würde Ihnen gerne ein Feedback geben, wenn es Ihnen recht ist." „Wenn du magst, sage ich dir gerne, wie das bei mir ankommt, wie das bei mir angekommen ist, wie ich es sehe ...")
- In solchen Situationen, in denen das Feedback schmerzlich sein könnte, sind taktvolle Worte angebracht wie „Ich möchte dir nicht weh tun, aber ich will dir gerne offen sagen, wie das bei mir ankommt."
- Sie beschreiben die Beobachtung bzw. Situation konkret, drücken sich neutral aus, achten auf die richtige Wortwahl und werten nicht. (Also nicht: „Sie sind .../ Du bist ..." Sondern: „Ich habe gesehen .../Ich habe beobachtet ...")
- Sie sagen, was sie über diese Beobachtung denken oder fühlen, und machen dabei deutlich, dass dies ihre persönliche Sichtweise ist. („Ich habe mir dabei gedacht .../Ich habe mich gefreut .../Ich habe mich gewundert .../Ich habe mich geärgert ...")
- Sie hören aufmerksam zu. Nicht sofort einhaken, sich verteidigen oder rechtfertigen, sondern höchstens Verständnisfragen stellen. Vor allem zuhören! Sonst

erfährt man nicht alles, was der Feedbackgeber sagen will.

- Sie bedanken sich für das Feedback. Bei Bedarf kann man noch weiterreden, zum Beispiel darüber, inwieweit man die Situation ebenso oder anders beurteilt, seinerseits Feedback geben usw.
- Ein Feedback ist nicht dazu da, eine sofortige Reaktion zu erzwingen, zum Beispiel in Zukunft etwas anders zu machen, Besserung zu geloben o. Ä. Besser: „Danke für das offene Feedback .../Es freut mich, dass .../Ich sage dir gern, wie das bei mir ankommt .../Ich danke für das offene Gespräch .../Ich werde darüber nachdenken .../Ich muss jetzt überlegen ..." etc.

4.3 Aktives Zuhören

Konflikte sind fast immer mit (unangenehmen) Gefühlen verbunden. Wer gut („aktiv") zuhören kann, löst Spannungen und beugt dadurch vielen Konflikten vor. Ein guter Zuhörer lernt darüber hinaus seine Mitmenschen besser kennen und ihre Bedürfnisse, Interessen und Erwartungen verstehen und trägt damit dazu bei, dass Konflikte nicht so rasch eskalieren.

Das aktive Zuhören ist eines der wichtigsten Handwerkszeuge guter Kommunikationskultur. Es besteht aus folgenden Elementen:

Stufe 1 Verständnisvolles Zuhören
Stufe 2 Wiederholen mit eigenen Worten
Stufe 3 Gefühle des Partners ausdrücken

Stufe 1: Zugewandter, freundlicher Blick, Hinneigen des Körpers, Kopfnicken, Äußerungen wie „Mhm." „Aha!" „Ah so!" „Das ist interessant." „Das kann ich verstehen." „Und dann?" „Das habe ich nicht verstanden." „Was meinst du mit ...?" „Wenn ich dich richtig verstanden habe ..." usw.

Stufe 2: Wiederholen der Gedanken und Gefühle des Gesprächspartners mit den eigenen Worten. Man signalisiert dadurch, dass man ihn verstanden hat. Das tut gut und ermuntert dazu, mit dem Gedankenaustausch fortzufahren. Zum Beispiel: „Du meinst also ..." Verstehe ich dich richtig, du sagst also ..." „Aha, es ist also so, dass du ..."

Stufe 3: Wenn der Gesprächspartner seine Gefühle nur indirekt ausdrückt, geben wir zu erkennen, dass wir sie dennoch verstehen. Diese dritte Stufe ist vor allem dann wichtig, wenn der Gesprächspartner es nicht gelernt hat bzw. es im Moment nicht kann, seine eigentlichen Gefühle zuzugeben und auszudrücken, zum Beispiel:

A: „Woher nimmt der sich überhaupt das Recht!"
B: „Das verstehe ich, dass du dich da ärgerst." Oder:

„Das glaube ich, dass dich das stört, zornig macht, aufregt, unruhig macht, deprimiert, dir das auf die Nerven geht ..."

A: „Verdammt noch mal, ich mach schon wieder alles falsch!" Nun könnte B den einfachen Weg wählen und trösten: „Ärgere dich nicht, das ist es doch gar nicht wert!" „Das kriegst du schon wieder hin." „Jeder macht mal einen Fehler." „Das ist doch nicht so schlimm!"

Der Trost mag gut gemeint sein, bringt den Betroffenen aber nicht weiter. Sinnvoller wären hier Reaktionen wie „Ich merke, du ärgerst dich über dich selbst. Was genau ist falsch gelaufen?" „Ja, das ist jetzt ärgerlich, ich verstehe dich. Was lässt sich da machen?"

- ***Achten Sie auf den IDQ = 2:1!***
- ***Lernen Sie zu loben und zu kritisieren!***
- ***Pflegen Sie gute Feedbackgespräche!***
- ***Gut zuhören zu können ist eine Kunst. Man nennt dies „aktives Zuhören" und unterscheidet drei Stufen:***

  1. ***die Signale der interessierten Zuwendung,***
  2. ***das Wiederholen mit eigenen Worten,***
  3. ***die Gefühle des anderen in Worte fassen.***

30 MINUTEN

Was versteht man unter „Ich-Botschaft“?

Seite 63

Welche Kriterien müssen sinnvolle Vorschläge erfüllen?

Seite 66

Sind Pausen ein Zeichen von Schwäche?

Seite 68

5. Bausteine fairen Streitens

Let's agree to disagree.

Motto englischer Debattierkunst

Also sag ich dir dies: Der Glücklichste denke
zum Streite immer gerüstet zu sein ...

Johann Wolfgang von Goethe, Achilleis

Auch wenn wir in Harmonie leben wollen, ist es sinnvoll, die Werkzeuge für faires Streiten parat zu haben. Denn diese helfen uns in schwierigen Situationen, unsere Interessen zu verteidigen, und in „Friedenszeiten", Abwechslung in unser Leben zu bringen. Die verschiedenen Positionen in Lebensstil, Politik, Weltanschauung, Kunst usw. aus- und durchzudiskutieren ist eine Bereicherung!

Die glücklichsten, dauerhaftesten Partnerschaften, so hat man herausgefunden, sind nicht diejenigen, in denen die Partner immer der gleichen Meinung sind, sondern in denen sie viel miteinander reden, sich austauschen, diskutieren, eben auch einmal streiten.

5.1 Das offene, faire Konfliktgespräch

Konflikte offen, direkt und fair ansprechen!

„Ich habe ein Problem, das ich gerne mit Ihnen besprechen möchte. Es geht um den Herrn Müller. Ich würde mich gerne fünf Minuten mit Ihnen zusammensetzen und die Sache durchbesprechen." „Du, ich habe was auf dem Herzen, das muss ich los werden. Wann hast du zehn Minuten Zeit? Es geht um den Jahresurlaub."

Einige wenige Sätze und die Sache liegt auf dem Tisch! Manche warten und warten, bis sich irgendwann eine gute Gelegenheit ergibt, das Problem anzusprechen. Falsch! Fassen Sie sich lieber ein Herz und sagen Sie gleich, dass Sie ein Problem haben. Auch eine kurze Zeitangabe ist wertvoll. Sie signalisieren damit, welchen Zeitrahmen Sie in etwa für das Gespräch veranschlagen.

Es ist viel besser, Probleme klar zu benennen und mutig anzusprechen, als sie ewig aufzuschieben. Wenn Sie „gerüchteweise" von Konflikten hören: Sprechen Sie sie offen an. Ungelöste Konflikte gehen „in den Untergrund" und führen dort ein gefährliches Eigenleben. Sie untergraben die Motivation, führen zu Absenzen, Krankheit, Betriebsunfällen, Mobbing u.v.m.

Konflikte lösen erfordert Zeit. Behandeln Sie besonders komplizierte Konflikte fairerweise nicht „zwischen Tür und Angel". Nichts übers Knie brechen, schnelle Hüftschüsse zahlen sich nicht aus! „Du, ich denke, wir sollten uns mal eine viertel oder halbe Stunde zusammensetzen, denn ich meine, wir müssen ausführlich darüber reden."

Suchen Sie Lösungen fairerweise gemeinsam mit den Beteiligten. Selbst wenn Sie sich für eine Lösung besonders verantwortlich fühlen und als bewährter Konfliktlöser bereits die „ideale" Lösung vor Augen haben: Versuchen Sie, die Beteiligten mit einzubeziehen. Unterstützen Sie eine gemeinsame Problemlösung. Vermeiden Sie vorschnelle, einseitige und aufgezwungene Lösungsvorschläge.

Nicht Schuldige suchen, sondern Lösungen!

Erklären Sie, dass es nicht darum geht, einen Schuldigen zu finden. Die Frage „Wer ist schuld?" sollte man aus seinem Wortschatz streichen. Ersetzen Sie es durch „Woran liegt/lag es?" „Was kann man jetzt am besten machen?" Das bringt alle genauso weit und vor allem: Es setzt niemanden auf die Anklagebank. Es geht ja darum, sinnvolle Vereinbarungen für die Zukunft zu treffen.

Gute Konfliktlöser sprechen Konflikte offen an. Sie lösen sie nicht zwischen Tür und Angel.

30

Sie nehmen sich dafür angemessen Zeit.
Sie fördern gemeinsam erarbeitete Lösungen.

5.2 Faires Einwandverhalten

Killerphrasen wie „Quatsch!“, „Unsinn!“, „Das ist doch Käse!“ verbieten sich von selbst. Schlechte Manieren aus dem politischen Showbusiness dürfen wir nicht in den beruflichen oder gar privaten Bereich übernehmen. Wichtiges Kriterium einer guten Konfliktkultur ist das faire, sachlich-kooperative Einwandverhalten. Es ist geprägt von Fragen und Formulierungen wie:

- Wer?, Was?, Wo?, Womit?, Warum?, Wie?, Wann? (W-Fragen)
- Welche Quellen haben Sie?
- Wie sehen Sie das?
- Warum sagen Sie das? Warum fragen Sie?
- Das ist meines Erachtens recht unwahrscheinlich ...
- Wir/Sie müssen aber auch bedenken, dass ...
- Ich habe in diesem Punkt eine ganz andere Meinung und zwar ...
- Ich habe andere Informationen/Daten von ...
- Ich komme zu einem anderen Ergebnis ...
- Das ist Ihre Sichtweise. Ich sehe die Sache so: ...
- Wir sind uns einig in Hinsicht x,
  aber wir unterscheiden uns in Hinsicht y ...

Gute Konfliktlöser behalten auch bei inhaltlichen Gegensätzen das Gemeinsame im Auge und lassen den Konfliktpartner das Gesicht wahren. Benutzen Sie klare, aber keine destruktiven Formulierungen, z. B.:

- Wir sind uns einig darin, dass ..., aber wir unterscheiden uns im Punkt ...
- Ich stimme Ihnen zu im Punkt ..., aber ich bin ganz anderer Meinung hinsichtlich ...
- Ich kenne diese Argumente. Ich möchte sie mit folgenden Gegenargumenten widerlegen ...
- Ich nehme diese Argumente sehr ernst, halte aber folgende Argumente für stichhaltiger ...
- Wir müssen die Nachteile/Folgen bedenken ...
- Ich habe eine völlig andere Ausgangssituation, ganz andere Zahlen/Fakten/Daten als Sie ...
- Ich habe andere Erfahrungen gemacht ...

Gute Konfliktlöser formulieren ihre Einwände fair und ohne Killerphrasen. 30
Sie behalten das Gemeinsame im Auge und lassen die Konfliktpartner das Gesicht wahren.

5.3 Die „Ich-Botschaft"

Einen Konflikt, den man partnerschaftlich und fair lösen will, beginnt man mit einer „Ich-Botschaft": „Mich stört ...", „Es ärgert mich ...", „Ich habe es nicht gern ...",

„Ich mag es nicht ...“, „Mir gefällt nicht ...“, „Ich finde es nicht gut ...“, „Ich kann es nicht haben ...“, „Es kränkt mich ...“, „Es tut mir weh ...“, „Ich habe keine Lust ...“, „Ich habe das Gefühl, glaube, finde, meine, habe die Erfahrung gemacht ...“

„Ich-Botschaften“ sollten in Fleisch und Blut übergehen

Bei Wünschen klar sagen, wie wichtig mir etwas ist, warum es mir wichtig ist und was genau ich möchte. Bei Ärger, Unsicherheit oder Ängsten immer den eigenen Ärger, grundsätzlich die eigene Unsicherheit bzw. die eigenen Ängste ausdrücken. Damit greife ich niemanden an und es bleibt noch offen, wo genau das Problem liegt.

Grau ist alle Theorie. Im Alltag ist dies nicht immer so leicht zu verwirklichen. Aber: „Nobody is perfect!“ Gegebenenfalls kann man auch korrigieren bzw. nachbessern. Das könnte dann so aussehen: „Du, ich habe mich sehr über dich geärgert.“ (Noch zu vage!) „Ich habe mich geärgert, weil du heute wieder zu spät gekommen bist. Und gestern ja auch schon.“ (Jetzt ist es konkret!) „Ich will dir auch gerne sagen, warum.“ Jetzt erst folgen die rationalen Argumente und man kann sinnvoll weitersprechen, sei es mit viel Verständnis oder wenig, sei es kompromissbereit oder konfrontativ.

5.4 Bedürfnisse konkret formulieren

Für ein erfolgreiches Konfliktgespräch ist es sehr wichtig, dass sowohl die kurzfristigen als auch die langfristigen Bedürfnisse im Voraus bedacht werden und offen zur Sprache gebracht werden. Deshalb sollte man sich überlegen bzw. im Gespräch Folgendes klären:

- Worauf kommt es mir jetzt an?
- Worauf kommt es Ihnen/dir jetzt an?
- Worauf kommt es mir auf Dauer gesehen an?
- Worauf kommt es Ihnen/dir auf Dauer gesehen an?

5.5 Konkrete Vorschläge bereithalten

Der amerikanische Kreativitätstrainer DeBono besteht darauf, in besonders vertrackten Situationen mindestens drei Lösungen auszuarbeiten. Warum das? Wo wir doch schon zufrieden sein könnten, wenn wir wenigstens eine sinnvolle Lösung anbieten können?

Nun, diese Forderung zwingt mich, so DeBono, meinen Geist anzustrengen. Ich beweise, dass ich nicht nur ein Minimum an Vorarbeit erledigt habe, sondern meine Hausaufgaben über das Notwendige hinaus gemacht habe. Damit werden meine Bemühungen glaubwürdig.

Bei mehreren Optionen kann man wählen oder gemeinsam nach weiteren Möglichkeiten suchen.

5.6 Nachprüfbare Kriterien formulieren

Bei allen Vorschlägen ist es wichtig, dass wir bereits im Vorfeld ein wichtiges Kriterium anlegen, nämlich die konkrete Nachprüfbarkeit. Es hat keinen Sinn, vage oder verschwommene Vorschläge anzumahnen. Nur konkrete Vorschläge sind für das Konfliktgespräch nützlich.

„Ich will mehr Geld!“ bringt meistens nichts. Sinnvoller ist die klare Formulierung: „Ich möchte gerne fünf Prozent mehr.“ Oder: „Ich wünsche eine Zulage von ... Euro.“ Darüber kann man dann konkret reden und gegebenenfalls einen Kompromiss ausarbeiten.

Unsinnig ist zum Beispiel auch: „Rase nicht so!“ Besser: „Bitte fahre nicht schneller als 140 km/h!“ Oder: „Wenn du so nahe auf andere Autos auffährst, bekomme ich Angst. Bitte halte einen Sicherheitsabstand von drei Autolängen ein.“
Nicht: „Ich möchte öfter mal auf eine Fortbildung.“, sondern konkreter: „Ich habe meines Erachtens für meine Fortbildung bisher viel zu wenig tun können. Da habe ich Nachholbedarf. Ich möchte in Zukunft wenigstens einmal im Jahr eine mehrtägige Fortbildung mitmachen.“

Formulieren Sie Bedürfnisse konkret!
Halten Sie konkrete Vorschläge bereit!
Das entscheidende Kriterium:
Vorschläge müssen nachprüfbar sein.

5.7 Vereinbarte Signale

Profis vereinbaren Signale. Worte wirken oft aggressiv, auch wenn sie halbwegs vorsichtig formuliert werden, wie zum Beispiel: „Lass mich jetzt bitte in Ruhe. Ich will darüber im Moment nicht reden." „Hör jetzt bitte auf, mich damit zu nerven. Ich habe gerade keine Zeit dafür." „Ich habe jetzt keine Lust, mit dir darüber zu sprechen. Hör bitte auf damit." Trotz des Wörtchens „bitte" und der „Ich-Botschaft" wirken solche Sätze immer noch aggressiv und heizen die gereizte Stimmung eher an als dass sie hilfreich sind.

Mit vereinbarten Signalen kann man in schwierigen Situationen dagegen gelöster agieren. „Bitte stellen Sie Ihr Namensschild senkrecht, wenn Sie eine Zigarettenpause brauchen." Dieses nonverbale Signal zu geben kostet meistens sehr viel weniger Überwindung als die Pause per Wortmeldung einzufordern. Und Sie als Moderator können locker und mit Humor sowie gegebenenfalls mit einem Dankeschön für den Hinweis reagieren.

Auch im Zweiergespräch können Signale zweckmäßig und hilfreich sein. Die Geste „Hände hoch" könnte signalisieren: „Sei mir bitte nicht böse. Ich bin gerade fix und fertig und habe nicht die Kraft, richtig zu streiten. Bevor ich es falsch mache, verschieben wir es lieber. Später gerne!" Dann muss man später natürlich auch Bezug darauf nehmen: „Du, jetzt geht's mir wieder besser und ich habe Zeit. Du wolltest doch vorhin mit mir über das Problem xy sprechen."

5.8 Pausen

Profis machen Pausen! Von schwierigen Verhandlungen in der Politik, bei Tarifkonflikten usw. wissen wir: Wenn die Fronten hoffnungslos verhärtet sind, werden Pausen eingelegt. Es ist fast unmöglich, in gereizter Atmosphäre die Karre aus dem Dreck zu ziehen. Dies gelingt viel eher mit der Kraft des Neubeginns, dem Elan einer neuen Idee, nach einem tiefen Durchatmen, einer schöpferischen Pause.

Pausen in schwierigen Situationen bedeuten keine Schwäche. Profis haben die wichtige Funktion von Pausen schon lange erkannt. Es ist wichtig, dass auch wir uns dieses Instrument ganz selbstverständlich zu eigen machen: Bevor die Nerven völlig blank liegen, lieber eine Pause einlegen und mit neuer Kraft beginnen. Lieber das „Kampffeld" verlassen und eventuell auf einem

Spaziergang eine neue Lösung finden, im schlimmsten Fall die aussichtslose Situation klar durchdenken und mit Gelassenheit in die „Arena“ zurückkehren.

In der Ruhe liegt die Kraft! Oder auch: In der Pause liegt die Kraft. Rechtzeitige Pausen bringen mehr als Überforderung. Sinnvoll ist es, wenn Sie sich zu diesem Zweck bestimmte Formulierungen zurechtlegen: „Ich merke, wir reiben uns jetzt schon so lange an diesem Punkt und kommen nicht weiter. Ich schlage eine Pause von zehn Minuten vor.“ Oder: „Ich sehe, wir kommen inhaltlich im Moment nicht weiter. Seit einer Stunde drehen wir uns im Kreis. Und der Ton ist aggressiv; auf beiden Seiten. Es ist auch schon spät geworden. Ich denke, eine Lösung können wir jetzt nicht mehr erarbeiten. Lassen Sie uns eine Denkpause einlegen. Dann kommen wir mit neuer Kraft zur nächsten Runde zusammen.“

Der Werkzeugkoffer für erfolgreiche Konfliktgespräche

Manches „Werkzeug“ hat sich in Konfliktsituationen als besonders brauchbar erwiesen. Es nützt aber wenig, das Werkzeug nur zu kennen. Man muss es richtig gebrauchen, handhaben, anwenden. Und wie überall gilt: Übung macht den Meister!

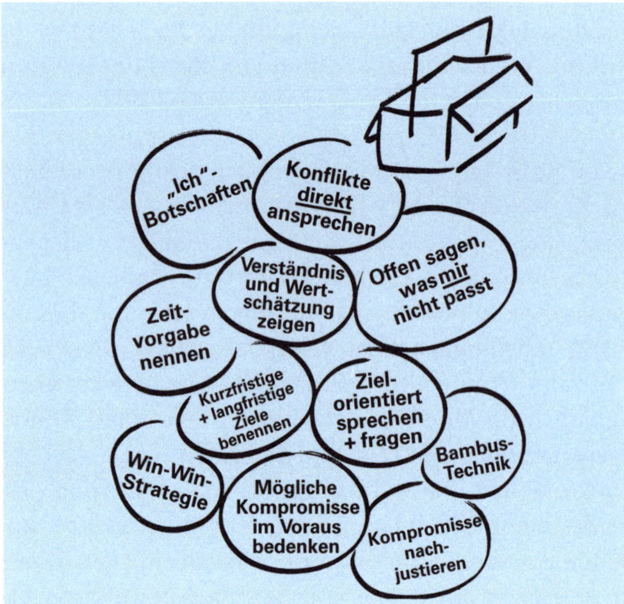
„Ich"-Botschaften
Konflikte direkt ansprechen
Verständnis und Wertschätzung zeigen
Offen sagen, was mir nicht passt
Zeitvorgabe nennen
Kurzfristige + langfristige Ziele benennen
Zielorientiert sprechen + fragen
Bambus-Technik
Win-Win-Strategie
Mögliche Kompromisse im Voraus bedenken
Kompromisse nachjustieren

30

- ***Sprechen Sie Konflikte offen und fair an!***
- ***Nehmen Sie sich ausreichend Zeit zur Klärung von Konflikten!***
- ***Suchen Sie Lösungen gemeinsam mit allen Beteiligten!***
- ***Das Gemeinsame hervorheben; Meinungsverschiedenheiten klar benennen, aber die Konfliktpartner das Gesicht wahren lassen!***
- ***Verwenden Sie „Ich-Botschaften“: Offen sagen, was bei mir wie ankommt!***
- ***Vorschläge bereithalten!***
- ***Bedürfnisse nicht vage formulieren, sondern konkret!***
- ***Kriterien für Lösungen: konkret und nachprüfbar!***
- ***Profis vereinbaren Signale und legen Pausen ein.***

30 MINUTEN

Was unterscheidet das Konfliktgespräch vom Streitgespräch?
Seite 74

Wie lauten die wichtigsten Phasen eines Konfliktgesprächs?
Seite 78

Was ist Mediation?
Seite 80

6. Das gut geplante Konfliktgespräch

Ist dieser Film sehenswert oder nicht? Welche Partei stellt die besseren Köpfe? Ist dieser Künstler ein Genie oder ein Scharlatan? Das Streitgespräch lebt von der gegensätzlichen Meinung. Streitgespräche gibt es vom Gedankenaustausch über Kunst und Literatur bis hin zum erbitterten Duell über Weltanschauung und Politik.

Streitgespräche können großen Spaß machen. Sie haben ihren Reiz darin, dass man nicht derselben Meinung ist und dies auch deutlich machen will. Es muss keine Annäherung oder Lösung gefunden werden. Aber Vorsicht: Lustvolle Streitgespräche kommen nicht überall gleich gut an! Manche Small-Talk-Themen, die uns in Deutschland große Lust bereiten, sind in anderen Ländern ein Tabu. In England und den USA gilt beispielsweise: No politics, no religion, no sex! Bei Nichtbeachtung wurde aus so mancher netten Unterhaltung schon eine bittere Verstimmung. Bei uns gilt: Ja zum kultivierten Streitgespräch, aber bitte ohne Verbissenheit, dafür mit Gelassenheit und Humor.

Das Konfliktgespräch sucht nach Lösungen

Im Gegensatz zu Streitgesprächen ist bei Konfliktgesprächen kein Streiten angesagt, sondern der kluge und verantwortungsvolle Umgang mit Menschen in Konfliktsituationen. Mit Hilfe des fairen Konfliktgesprächs sollen Konflikte besprochen, gehandhabt, eingedämmt, gemindert, geregelt oder gelöst werden.

Interessant ist: Mancher wortgewandte Streiter ist sehr ungeschickt in Konfliktgesprächen. Und so mancher, der in Wortgefechten und Streitgesprächen wenig hervortritt, hat ein wunderbares Händchen für Konfliktgespräche. Es handelt sich um zwei ganz unterschiedliche Talente.

6.1 Vorarbeit: Konfliktanalyse und Zielanalyse

Manche Menschen verstehen es, mit ihren Mitmenschen in schwierigen und konfliktträchtigen Situationen richtig umzugehen und komplizierte Situationen gut zu meistern. Manche liegen ständig im Clinch mit anderen, obwohl sie es oft gar nicht wollen.

Gerade in Konfliktgesprächen zeigt sich „Emotionale Intelligenz". Die „emotional Intelligenten" lassen Konfliktgespräche nicht unvorbereitet „einfach an sich herankommen", handeln eben nicht einfach „intuitiv, aus dem Bauch heraus". Im Gegenteil: Herz und Verstand sind gefragt!

Die „Konstruktiven" und „emotional Intelligenten" gehen – bewusst oder unbewusst – nach einem Plan vor, der sich in der Praxis immer wieder bewährt. Jeder „emotional intelligente" Mensch bereitet Konfliktgespräche systematisch vor und wendet dabei folgenden „Konflikt-Fahrplan" an:

Analyse von Leidensdruck und Handlungsbedarf

Zunächst stellen sich ganz praktische Fragen: Wie gehe ich selbst hier und jetzt mit diesem Konflikt um? Was ist in diesem Fall besser oder sinnvoller: Soll ich den Konflikt

- aushalten, weil das Problem unlösbar ist?
- abwarten, weil sich das Problem in absehbarer Zeit von ganz alleine lösen wird?
- anpacken? Falls ja, dann stellt sich die Frage: ansprechen? Wenigstens offen darüber reden? lösen? Welche Lösungen könnte es geben?

Hier gibt es erhebliche Unterschiede von Mensch zu Mensch: Der eine erträgt die Situation noch ganz gut, der andere hält sie bereits nicht mehr aus. Der eine sagt: Das kann ich abwarten und aussitzen, der andere: Jeder weitere Tag ist zu viel!

Im Zugzwang ist derjenige, der die Situation ansprechen bzw. lösen möchte. Von ihm muss die Initiative ausgehen, er muss die Vorbereitungen für das Konfliktgespräch treffen. Je besser dieses Gespräch vorbereitet wird, desto höher stehen die Chancen für eine gute Lösung. Man geht also die Hauptfragen der Konfliktanalyse durch und beantwortet sie Punkt für Punkt für sich selbst:

Analyse des Konflikts und der Beteiligten

- Wer ist (direkt/indirekt) am Konflikt beteiligt?
- Was ist das Thema (oberflächlich/tiefer gesehen): Sachkonflikt, Beziehungskonflikt, Wertkonflikt, Mischung aus ...?
- Welche Sichtweisen gibt es?
- Welche Ziele und Interessen haben die Beteiligten?
- Welche Befürchtungen und Ängste haben sie?
- Werden diese offen geäußert?
- Wo stimmt man überein, wo nicht?
- Welche Methoden wenden die Konfliktparteien an?
- Welche Verhaltensmuster und Bewertungen sind bei den Beteiligten zu erkennen?
- Welche Temperaments- und Persönlichkeitstypen, welche Lebenseinstellungen oder Werthaltungen sind im Spiel?

Ziel des Konfliktgesprächs

Ich muss mir von vornherein im Klaren sein: Was möchte ich mit dem Konfliktgespräch bezwecken? Zum

Beispiel: Möchte ich eine unangenehme Sache nur ansprechen bzw. besprechen, meinen Sorgen, meinem Ärger endlich Luft machen? Oder möchte ich eine gemeinsam getragene Lösung finden? Im zweiten Fall muss ich genügend Zeit einplanen, sehr viel mehr als im ersten Fall. Und vor allem: Ich muss mögliche Lösungen/konkrete Vorschläge/Kompromisse bereithalten.

Strategie des Konfliktgesprächs

Vor der Durchführung eines Konfliktgespräches ist es ratsam, sich über die richtige Strategie Gedanken zu machen, d. h. das Konfliktgespräch sorgfältig zu planen.

- Wer soll am Konfliktgespräch beteiligt sein?
- Wann soll das Konfliktgespräch stattfinden?
- Was sage ich/spreche ich an, was nicht?
- Was sage ich zuerst/spreche ich zuerst an, was später? (Günstigsten Zeitpunkt beachten!)
- Wo sage ich es/spreche ich es an? (Den Ort und positive Rahmenbedingungen berücksichtigen: bei mir, bei meinem Konfliktpartner? Evtl. einen neutralen Ort wählen, zum Beispiel beim Kaffee, bei einem Spaziergang.)
- Wie sage ich es/spreche ich es an?
- Verhalte ich mich entsprechend meines gewöhnlichen Verhaltensmusters oder wähle ich aus strategischen Gründen eine andere Verhaltensweise, zum Beispiel bestimmter oder zurückhaltender zu sein als gewöhnlich usw.?

Durchführung des Konfliktgesprächs

Im Vorfeld eines Konfliktgesprächs sollte man die eigenen Bedürfnisse und Probleme bedenken sowie die eigene Position klar benennen: „Ich möchte, will, brauche ..."

Während des Gesprächs darf man sein Ziel nicht aus den Augen verlieren: Wichtig ist die Entwicklung konkreter, realisierbarer und überprüfbarer Vereinbarungen, dabei sollte man gegebenenfalls Dokumentationserfordernisse beachten.

Zum Schluss sollten die künftige Kontrolle und die Testphase besprochen sowie der Umgang mit unvorhergesehenen Faktoren angesprochen werden.

30 *Gute Konfliktlöser planen bereits im Vorfeld:*

- *Welcher Konflikt liegt vor (Konflikt-Analyse)?*
- *Welches Ziel wird angestrebt (Ziel-Analyse)?*
- *Welche Strategie wähle ich?*

6.2 Phasen des erfolgreichen Konfliktgesprächs

Wir wissen: Ein gutes Konfliktgespräch lässt sich planen. Folgendes Schema hat sich dabei bewährt:

Verlauf	**Zweck**
Vorarbeit	
Nachdenken, Analyse, evt. Selbstgespräch	Verstandesmäßige Klärung Emotionale Entlastung zur Verhinderung eines destruktiven Streitverlaufs
Beginn	
Wahl des Zeitpunkts	Die Weichen für ein konstruktives Konfliktgespräch werden gestellt, ggf. wird das Gespräch verschoben
Wahl der Einleitungsworte	„Ich-Botschaften"! Der Gesprächsbeginn gehört gut überlegt, er entscheidet über Erfolg oder Misserfolg des Konfliktgesprächs
Durchführung	
Ärgermitteilung	Erste Informationen als „Ich-Botschaft" an den Konfliktpartner
Konfliktanalyse	Beide Konfliktpartner liefern Informationen, klären Gegensätze, benennen Probleme und Gemeinsamkeiten
Zielanalyse	Beide Konfliktpartner klären Bedürfnisse, Prioritäten, Nah-/ Fernziele
Regelung	Beide Konfliktpartner handeln Regelungen aus, mit denen sie leben können

Beendigung	
Abschluss	Regelung noch einmal nennen, Nachdenken über Sonderfälle, Testphase, Nachfolgegespräch
Versöhnung	Versöhnliche Gefühle, Wertschätzung, Gemeinsamkeit, Dank u.ä. aussprechen: „Gut, dass wir die Sache so offen besprochen haben."

Die Phasen des Konfliktgesprächs sind:

- *Vorarbeit (Konflikt- und Ziel-Analyse),*
- *Beginn (richtige Einleitungsworte),*
- *Durchführung (Austausch von Informationen, Bedürfnissen, Wünschen, Ärger, Sorgen etc.)*
- *Beendigung (Zusammenfassung, Abschluss, wertschätzende Worte etc.)*

6.3 Mediation: Die Kunst der Vermittlung

Eine Sonderform des Konfliktgesprächs ist die Mediation. Man versteht darunter die Konfliktlösungsmethode, bei der eine neutrale dritte Person die Parteien unterstützt, einen Streit beizulegen. Der Unterschied zum gerichtlichen Verfahren besteht darin: Die Parteien arbeiten aktiv an der Lösung ihres Konflikts.

Der Mediator, die Mediatorin

Mediator bedeutet Vermittler. Er ist nicht Richter, sondern neutraler Verhandlungsführer. Er wird von den Konfliktparteien auf Grund seiner Erfahrung oder Ausbildung gewählt und er führt die Parteien ohne Zwangsmittel durch das Verfahren. Erklärtes Ziel ist eine gemeinsam erarbeitete und von allen Parteien getragene Lösung.

Die Vorteile: Die Kosten und der Zeitaufwand sind geringer als bei einem Rechtsstreit, der im schlimmsten Fall durch mehrere Instanzen führen kann. Es wird nicht in aller Öffentlichkeit schmutzige Wäsche gewaschen mit Folgeschäden für das Image von Personen, Firmen oder Institutionen. Man beugt sich nicht dem Spruch des Gesetzes, das ja in Wirklichkeit immer auch subjektiv ist und von den Ansichten der Richter abhängt. Vor allem: Die Parteien geben das Verfahren nicht aus der Hand. Sie bleiben immer Herren des Geschehens. Die Fortführung guter persönlicher Beziehungen wird erleichtert.

Prinzipien und Regeln der Mediation

Sorgfältige Diagnose vornehmen: Sich ein gutes, möglichst objektives Bild vom Hintergrund und Ablauf des Konflikts machen. Einen Plan, ein Konzept für das Vorgehen erstellen. Keine Fahrt ins Blaue!
Rolle klären: Den Beteiligten sagen, wie Sie Ihre Rolle verstehen und Ihre Aufgabe wahrnehmen wollen.

Akzeptanz schaffen: Zeigen und wissen lassen, dass Sie beide Parteien ernst nehmen.
Emotionen zulassen: Auch Gefühle sind Realitäten, daher zulassen und auf sie hören. Aber mit der Sachebene verbinden.
Neutralität bewahren: Nicht für eine der beiden Seiten Partei ergreifen. Sich nicht vereinnahmen lassen. Unabhängigkeit bewahren.
Offen und ehrlich bleiben: Für beide Parteien transparent und glaubwürdig bleiben. Beim Treffen mit der einen Partei sich nicht anders zeigen als beim gemeinsamen Gespräch. Keine Anbiederung: „Das sage ich jetzt nur zu Ihnen ..." „Unter uns gesagt ..." u. Ä.
Geduld haben: Der große Durchbruch ist selten. Realistisch ist eine Politik der kleinen Schritte.
Selbstbewusst bleiben: Fühlen Sie sich für den Erfolg nicht alleine verantwortlich. Den Konflikt bestehen lassen können, wenn ihn eine der Parteien nicht beigelegt haben will, ihn weiterhin (bewusst oder unbewusst) braucht. Keine persönliche Niederlage darin sehen, wenn der Konflikt nicht beigelegt werden kann.

- ***Mediation heißt Vermittlung.***
- ***Mediatoren helfen in schwierigen Konfliktsituationen den Konfliktparteien, eine gemeinsame, von allen getragene Lösung zu finden.***
- ***Mediation muss vertraulich, fair und neutral verlaufen.***
- ***Mediation arbeitet nach dem „Gewinner-Gewinner-Prinzip".***
- ***Mediation ist kürzer und kostengünstiger als ein Gerichtsverfahren. Die Parteien behalten das Verfahren in ihrer Hand und vermeiden Imageverluste durch öffentliche Verfahren.***

30 MINUTEN

Mit Beleidigungen richtig umgehen – was ist die beste Methode?
Seite 86

Was versteht man unter der so genannten BAMBUS-Technik?
Seite 87

Humor – was muss man dabei beachten?
Seite 89

7. Was tun bei unfairen Mitteln?

Bedenke alles, was du sagst,
aber sage nicht alles, was du denkst!

Persönliche Beleidigungen kommen auch in Konfliktsituationen nicht allzu häufig vor. Dennoch ist diese Situation gefürchtet. Wie kann man sich in diesem Fall konstruktiv verhalten? Beleidigungen fallen meist spontan und ungeplant. Aber wenn es passiert ist, liegt eine besonders schwierige Konfliktsituation vor.

In der politischen Show-Arena muss man einiges einstecken können und man darf auch austeilen. Vieles, was hier erlaubt ist, gehört sich aber nicht im Umgang mit Arbeitskollegen oder im Privatleben. Sollte sich dennoch jemand mal im Ton vergreifen und beleidigend werden, so gilt: Ich muss mir nicht alles bieten lassen. Manchmal gehört ein grober Klotz auf einen groben Keil. Manche Menschen müssen Grenzen erfahren. Aber: Ich riskiere eine Eskalation oder eine nachhaltige Klimastörung, wenn ich mit gleicher Waffe zurückschlage.

Wenn ich will, dass die Situation nicht eskaliert, sondern entschärft wird, sollte ich für den Ernstfall einige de-eskalierende Techniken parat haben, die ich je nach Situation und Konfliktpartner einsetzen kann.

7.1 Aggressionen sachlich ansprechen

Höchst professionell ist es, das aggressive Verhalten anzusprechen, selbst aber nicht anzuwenden. Auf diese Weise können Sie Aggressionen am besten neutralisieren. Bei Konfliktgesprächen mit Zuhörerschaft gewinnen Sie obendrein die Anerkennung der anderen. Denn es zeugt von Überlegenheit, wenn man sich nicht zu unüberlegten Aussagen und Handlungen provozieren lässt. Legen Sie sich Formulierungen zurecht, die Ihnen gefallen und zu Ihnen passen, zum Beispiel:

- Ich merke, dass Sie wütend sind, möchte aber trotzdem sachlich bleiben.
- Sie sind aggressiv, ich will trotzdem sachlich antworten.
- Reden können wir nur miteinander, wenn wir sachlich miteinander umgehen.
- Ich merke, Sie müssen Dampf ablassen. Tun Sie das, aber bitte, ohne mich persönlich zu beleidigen.
- Ich merke, Sie haben einen Zorn auf ... Sie haben schlechte Erfahrungen gemacht mit ... Aber Sie set-

zen sich selbst ins Unrecht, wenn Sie mich persönlich beleidigen.

- Das ist eine persönliche Beleidigung, aber ich lasse mich nicht provozieren ...

Bewährtes Mittel zur Deeskalation: Aggressives Verhalten klar benennen, aber nicht selbst anwenden.

30

7.2 Die BAMBUS-Technik

Oft ist es besser, seinem Konfliktpartner zunächst zuzuhören und ihm zu signalisieren, dass man seinen Ärger, seine Sorgen oder Nöte versteht. Erst dann sollte man dazu übergehen, ihm die eigene Sichtweise zu erklären bzw. Lösungen anzubieten. Manchmal ist es sogar sehr wichtig, dem Konfliktpartner vorab die Möglichkeit zu geben etwas Dampf abzulassen. Häufig ist hier die BAMBUS-Technik das Mittel der Wahl.

Was versteht man unter BAMBUS-Technik? Nun, der Bambus leistet dem Sturm keinen Widerstand, sondern er biegt sich, legt sich flach, gibt nach und steht dann wieder auf. Das ist für ihn die bessere Überlebenschance als schiere Stärke:

B	estätigen, bejahen
A	ufmerksamkeit/Anerkennung signalisieren
M	öglichkeit von Mängeln zugeben
B	ereitschaft zum Diskutieren zeigen
U	mlenken der Emotionen auf die Sachebene
S	achebene/Sachgerechtigkeit anstreben

B	Ja, ich verstehe das Problem.
A	Sagen Sie mir bitte doch noch ...
M	Da ist leider Folgendes passiert: ...
B	Reden wir jetzt darüber, wie wir gemeinsam ...
U	Und wie können wir jetzt am besten ...
S	Ich sehe zum Beispiel folgende zwei Wege ...

7.3 Abblocken

Manchmal ist ein Abblocken der brauchbare Weg: „Ich möchte so nicht mit Ihnen reden.“ „Das mag ich nicht. So zu reden bringt uns nicht weiter.“ „Ich denke, wir sollten später weiterreden, und zwar sachlich.“

Im Extremfall kann dies auch einmal heißen: „Das ist eine Beleidigung. So nicht! Sie machen sich strafbar.“ Oder: „Wenn Sie dies noch einmal sagen, werde ich Sie anzeigen!“

7.4 Humor

Humor ist ein Gottesgeschenk. Wenn Sie – auch in Stresssituationen – mit Humor reagieren können, preisen Sie sich glücklich! Aber aufpassen: Nicht um jeden Preis humorvoll sein wollen! Es muss passen. Den Konflikt ernst und seriös anzupacken, wird meist als authentischer empfunden.
Viele Menschen missverstehen Humor und erkennen die dahinter liegende Botschaft nicht. Vor allem: Humor nicht mit Ironie verwechseln! Ironie ist völlig ungeeignet für Konfliktgespräche, sie wird zu häufig missverstanden.
Wichtigstes Kriterium für Humor in Konfliktsituationen: Nicht den Konfliktpartner zur Zielscheibe des Humors machen, sondern höchstens sich selbst. Also nicht: „Hilfe, jetzt kommt sich aber einer ganz stark vor!" Sondern: „Hilfe, jetzt geht es mir aber schlecht!" Nicht: „Vielen Dank für die freundliche Beleidigung!" Sondern: „Das ist eine Beleidigung. Ich hoffe, ich kann höflich bleiben."

In Extremsituationen, z. B. bei Beleidigungen, sind folgende Strategien hilfreich: 30

- ***Aggressionen ansprechen, aber dabei bewusst sachlich bleiben.***
- ***BAMBUS-Technik: Nachgeben und wieder aufstehen.***
- ***Nützliche Formulierungen für den Ernstfall bereithalten.***

Fast Reader

1. Konflikt-Kultur – so wichtig wie die Liebe

„Emotionale Intelligenz" zeigt sich vor allem in der Fähigkeit, mit Konflikten und Konflikt-Situationen gut umgehen zu können.

2. Konflikte analysieren

Bei der Analyse eines Konflikts sollten wir idealerweise zuerst bedenken und klären:

- ***Welche Arten von Konflikten gibt es? Welcher Art ist der vorliegende Konflikt?***
- ***Welche Ebenen von Konflikten gibt es?***
- ***Auf welcher Ebene bzw. auf welchen Ebenen befindet sich der aktuelle Konflikt?***
- ***Welche Stufen eines Konflikts gibt es?***
- ***Auf welcher Stufe befindet sich der Konflikt?***

3. Konflikt und Persönlichkeit

Vor einem Konfliktgespräch überlege ich:

- *Versuche ich, eine objektive Messlatte anzulegen?*
- *Welcher Menschentypus bin ich selbst? Welcher Typus ist mein Konfliktpartner? Hat der Konflikt mit mir/uns als Typus zu tun?*
- *Welche Stärken und Schwächen habe ich? Welche Stärken und Schwächen hat mein Konfliktpartner?*
- *Wo auf der Werteskala ordne ich mich selbst ein? Wo ordne ich meinen Konfliktpartner ein?*
- *Könnte das, was mich stört, möglicherweise auch positiv gesehen werden?*
- *Besonders schwierig im Umgang sind Rechthaber, Besserwisser, Intriganten und Querulanten.*

4. Grundlagen guter Konfliktkultur

- *Achten Sie auf den IDQ = 2:1!*
- *Lernen Sie zu loben und zu kritisieren!*
- *Pflegen Sie gute Feedbackgespräche!*
- *Gut zuhören zu können ist eine Kunst. Man nennt dies „aktives Zuhören" und unterscheidet drei Stufen:*

1. die Signale der interessierten Zuwendung,
2. das Wiederholen mit eigenen Worten,
3. die Gefühle des anderen in Worte fassen.

5. Bausteine fairen Streitens

30

- *Sprechen Sie Konflikte offen und fair an!*
- *Nehmen Sie sich ausreichend Zeit zur Klärung von Konflikten!*
- *Suchen Sie Lösungen gemeinsam mit allen Beteiligten!*
- *Das Gemeinsame hervorheben; Meinungsverschiedenheiten klar benennen! Konfliktpartner das Gesicht wahren lassen!*
- *Verwenden Sie „Ich-Botschaften"! Offen sagen, was bei mir wie ankommt!*
- *Vorschläge bereithalten!*
- *Bedürfnisse nicht vage formulieren, sondern konkret!*
- *Kriterien für Lösungen: konkret und nachprüfbar!*
- *Profis vereinbaren Signale und legen Pausen ein.*

6. Das gut geplante Konfliktgespräch

30

- *Mediation heißt Vermittlung.*
- *Mediatoren helfen in schwierigen Konflikt-*

situationen den Konfliktparteien, eine gemeinsame, von allen getragene Lösung zu finden.

- Mediation muss vertraulich, fair und neutral verlaufen.
- Mediation arbeitet nach dem „Gewinner-Gewinner-Prinzip".
- Mediation ist kürzer und kostengünstiger als ein Gerichtsverfahren. Die Parteien behalten das Verfahren in ihrer Hand und vermeiden Imageverluste durch öffentliche Verfahren.

7. Was tun bei unfairen Mitteln?

In Extremsituationen, z. B. bei Beleidigungen, sind folgende Strategien hilfreich: 30

- Aggressionen ansprechen, aber dabei bewusst sachlich bleiben.
- BAMBUS-Technik: Nachgeben und wieder aufstehen.
- Nützliche Formulierungen für den Ernstfall bereithalten.

Literaturhinweise

- Fehlau, E. G.: Konfliktmanagement. Haufe Reihe STS, Freiburg, Berlin, München 2000
- Fischaleck, F. : Bevor die Fetzen fliegen. Faires Streiten in der Partnerschaft. Herder, Freiburg 1995
- Glasl, F.: Selbsthilfe in Konflikten. Verlag Freies Geistesleben, Stuttgart 2002
- Goleman, D.: Emotionale Intelligenz. dtv, München 2001
- Höher P., Höher F.: Konfliktmanagement. Konflikte kompetent erkennen und lösen. Haufe, Freiburg, Berlin, München 2000
- Hugo-Becker, A., Becker H.: Psychologisches Konflikt-Management. dtv-Beck, München 2000

Der Autor

Dr. Peter Heigl ist Experte für Sprache und Kommunikation. Studium an der Universität München: Examen in Klassischer Philologie, Theologie und Englisch. Promotion in Philosophie, Zweitfächer Psychologie und Pädagogik. Ebenso prägten ihn die Arbeit in der Gastronomie und Landwirtschaft. Er war Dozent am College of Commerce der Universität Edinburgh und Professor für pädagogische Psychologie an der Universität Montevideo. Seit 1982 ist er selbstständiger Trainer für namhafte Firmen und Institutionen. www.dr-heigl.de

Register

Aggressionen 86f., 89, 93
Aktives Zuhören 54–57, 91
Akzeptanz 82
Analysefähigkeit 38

Bambus-Technik 70, 84, 87ff., 93
Beziehungsebene 21f.

Choleriker 40

DISG-Modell 42f.

Eigenständigkeit 36f.
Einwandverhalten 62f.
Emotionale Intelligenz 11ff., 74, 90

Feedback 52ff., 48, 57, 91

Gleichwertigkeit 35f.

Handlungsbedarf 75f.
Humor 84, 89

Ich-Botschaft 58, 63f., 67, 71, 79, 92
Integrations-Dominanz-Quotient (IDQ) 48, 50f., 57, 91
Intriganten 45ff., 91

Konflikt:
Makrokonflikt 24f.
Mesokonflikt 24f.
Mikrokonflikt 24f.
Konstruktive 28–32, 34, 75, 79
Kritik 49ff.

Lob 49ff., 57, 91
Lösungen 6, 18, 30f., 34, 37, 39, 61f., 65, 71, 74f., 77, 87, 92

Mediation 25, 72, 80–83, 92f.
Melancholiker 40

Neutraler Beobachter 32ff.
Neutralität 82

Pausen 58, 68–71, 92

Persönlichkeits-Typus
28, 39–43
Phasen des Konfliktgesprächs 26, 72, 78ff.
Phlegmatiker 40
Plan 34, 75, 77f., 81, 92f.
Problem 6, 16f., 19, 22, 30, 44, 46f., 49, 60f., 64, 68, 75, 78f., 88

Querulanten 45ff., 91

Rechthaber 45ff., 91

Sachebene 21f., 38, 82, 88
Sanguiniker 40
Signale 50, 57, 67f., 71, 92
Spannungen 10, 54

Temperamente 23, 39f.
Typologie 41ff.
Typus:
extravertiert 41f.
introvertiert 41f.

Verschiebung 20f.

Wahrnehmung 31f.
Wertebene 22f., 38
Win-win-Strategie 31, 34, 70

Zielanalyse 74–79